U0107419

化成整体生命智慧

毓 老 师 说

吴起太公
兵法

爱新觉罗·毓鋆 / 讲述

陈絅 / 整理

花山文艺出版社

图书在版编目（CIP）数据

毓老师说吴起太公兵法 / 爱新觉罗·毓鋆讲述；陈絅整
理. 一石家庄：花山文艺出版社，2019.8(2021.1重印)
ISBN 978-7-5511-4813-9

Ⅰ.①毓… Ⅱ.①爱… ②陈… Ⅲ.①兵法－中国－古代
②《吴子》－研究③《六韬》－研究 Ⅳ.①E892.2

中国版本图书馆CIP数据核字(2019)第151517号

书　　名：**毓老师说吴起太公兵法**

讲　　述：爱新觉罗·毓鋆

整　　理：陈　絅

责任编辑：贺　进

责任校对：梁东方

美术编辑：胡彤亮

装帧设计：棱角视觉

出版发行：花山文艺出版社（邮政编码：050061）

　　　　　（河北省石家庄市友谊北大街330号）

销售热线：0311-88643221/29/31/32/26

传　　真：0311-88643225

印　　刷：北京环球画中画印刷有限公司

经　　销：新华书店

开　　本：880×1230　　1/32

印　　张：10.25

字　　数：192千字

版　　次：2019年9月第1版

　　　　　2021年1月第2次印刷

书　　号：ISBN 978-7-5511-4813-9

定　　价：58.00元

凡例

一、本书所讲吴起（《吴子兵法》）和太公兵法（《六韬》）系根据毓老师 1992 年在台北奉元书院讲授内容整理而成，与《孙子兵法》为一系列。《吴子》六篇，而《六韬》仅讲述《文韬》《武韬》二韬，盖师尊以"龙、虎、豹、犬"四韬，多与《孙子》关系密切，可自行参阅之。限于学养，容有阙漏、讹误者，尚祈方家惠予指正，并俟来日有志者续之，补苴罅漏。

二、毓老师所采教本《孙吴兵法太公六韬》（夏振翼纂订，包国甸校对），系台北夏学社于 1981 年 3 月在台北印行，原书名《增订武经批注》。

三、兵法原典文本以宋三体呈现，如"吴起儒服，以兵机见魏文侯"；每篇前之夏振翼总论、批、注、解均以细黑体呈现（注、解中所引历代兵家言、兵书解等，均一一标出），如"吴子，名起，卫人，为鲁将"；毓老师讲述以宋一体呈现，字词解释、引文出处以括号内楷体小字表示。《武经七书》中《施氏七书讲义》注解，摘录部分以参究之，并以楷体呈现，如："施子美曰：起尝杀妻以求将，嚼臂以盟母，其忍固不可言，然而用兵，司马穰苴不能过，是以君子遗其行而取其材。"

四、为助大众深入阅读，文中有关背景及说明，以仿宋体呈现（参考网络及相关著作者，略交代出处）。

目 录

吴起兵法

吴子本传 / 3

图国第一 / 9

料敌第二 / 44

治兵第三 / 68

论将第四 / 95

应变第五 / 115

励士第六 / 136

太公兵法

太公与《六韬》/ 151

太公本传 / 153

1

文韬 / 157

文师第一 / 158

盈虚第二 / 175

国务第三 / 185

大礼第四 / 190

明传第五 / 199

六守第六 / 204

守土第七 / 212

守国第八 / 222

上贤第九 / 230

举贤第十 / 243

赏罚第十一 / 249

兵道第十二 / 253

武韬 / 263

发启第十三 / 264

文启第十四 / 279

文伐第十五 / 291

顺启第十六 / 306

三疑第十七 / 311

吴子本传

【夏振翼注】吴子，名起，卫人，为鲁将。破齐师，人有谗起者，鲁君疑之，弃（离开）鲁归魏。魏将之（以吴起为将），拔五城。

吴起，战国时卫人，曾从曾子（曾参）学习，喜用兵，有文韬武略之才，志存高远。起投鲁国为将，统军抗齐，大败齐军，建立赫赫军功，却招致非议，乃投奔魏国。经李悝推荐给魏文侯，备受重用，在魏得以大展长才，连败秦军，夺取五城，被任命为西河郡守。吴起用兵有方、治国有策，他在西河实施耕战，奖励垦荒，发展生产，使粮饷充裕，民无饥色。为加强防边，又组一支魏武卒，精锐善战，使秦军不敢东向。

迨（及）武侯相田文，起不说（悦），与论功。

《史记·孙子吴起列传》：魏置相，相田文。吴起不悦，谓田文曰："请与子论功，可乎？"田文曰："可。"起曰："将三军，使士卒乐死，敌国不敢谋，子孰与起？"文曰："不如子。"起曰："治百官，亲万民，实府库，子孰与起？"文曰："不如子。"起曰："守西河而秦兵不敢东乡，韩赵宾从，子孰与起？"文曰："不如子。"起曰："此三者，子皆出吾下，而位加吾上，何也？"文曰："主少国疑，大臣未附，百姓不信，方是之时，属之于子乎？属之于我乎？"起默然良久，曰："属之子矣。"文曰："此乃吾所以居子之上也。"吴起乃自知弗如田文。

田文既死，公叔为相，害起。起惧得罪，遂去之（往）楚。

《史记·孙子吴起列传》：田文既死，公叔为相，尚魏公主，而害吴起。公叔之仆曰："起易去也。"公叔曰："奈何？"其仆曰："吴起为人节廉而自喜名也。君因先与武侯言曰：'夫吴起贤人也，而侯之小学，又与强秦壤界，臣窃恐起之无留心也。'武侯即曰：'奈何？'君因谓武侯曰：'试延以公主，起有留心则必受之。无留心则必辞矣。以此卜之。'君因召吴起而与归，即令公主怒而轻君。吴起见公主之贱君也，则必辞。"于是吴起见公主之贱魏相，果辞魏武侯。武侯疑之而弗信也。吴起惧得罪，遂去，即之楚。

吴起在魏二十七年，先后打过七十六次战役，六十四次大胜，其余则不分胜负，从未打过败仗，战绩辉煌，辟地四面，拓地千里，使魏国在战国七雄中处于强者的地位。

吴起离开魏国后，魏连败于秦军，不到二十年，西河地区全为秦所有。

楚立为相，南平百越，北并陈、蔡，却三晋，西伐秦。

吴起在楚，深受楚悼王器重，命为令尹，极力变法革新，图谋富强。在吴起图强下，楚得以南平百越，北并陈、蔡，击退韩、魏、赵进犯，西北败秦军，自此威震天下。

著兵书六篇，与悼王议削（xuē，减少）族禄。及悼王死，宗室大臣作乱而攻起，起走之（往）王尸而伏之（伏在王尸上），击起之徒，因射刺起，并中悼王尸。太子立，尽诛射起并中（射中）王尸者，坐（连坐）射起而夷宗者，七十余家。

《史记·孙子吴起列传》：楚悼王素闻起贤，至则相楚。明法审令，捐不急之官，废公族疏远者，以抚养战斗之士。要在强兵，破驰说之言从横者。于是南平百越；北并陈、蔡，却三晋；西伐秦。诸侯患楚之强。故楚之贵戚尽欲害吴起。及悼王死，宗室大臣作乱而攻吴起，吴起走之王尸而伏之。击起之徒因射刺吴起，并中悼王。悼王既葬，太子立，乃使令尹尽诛射吴起而并中王尸者。坐射起而夷宗死者七十余家。

吴子本传

高氏（宋朝，高似孙）子略曰：读《吴子》，其说盖与《孙子》截然不侔（móu，等同）也。起之书，"几（近）于正"；武之书，"一（全）于奇"。起之书，尚礼义，明教训，或有得于《司马法》（记载中国古代军礼和军法）者；孙则一切驰骋（纵马疾驰）战争，夺谋逞（纵）诈之术耳。

《吴子》（《吴子兵法》简称，下同）六篇，是吴起在镇守西河期间所写，与《孙子》十三篇各有千秋，因此后人并称孙武和吴起为"孙吴"。唐朝时外传至日本，其后甚至远传至法国、英国、美国等，对日本及西方军事理论研究，产生深远的影响。

夏振翼：武侯浮（行船）西河而下，中流顾而谓吴起曰："美哉乎！西河之固（山河之险固），此魏国之宝也。"起对曰："在德不在险。"武侯善（首肯）之。

儒家"为政以德"，吴起为儒家论兵，故以国之宝，在德不在险。

《史记·孙子吴起列传》曰："在德不在险。昔三苗氏左洞庭，右彭蠡，德义不修，禹灭之。夏桀之居，左河济，右泰华，伊阙在其南，羊肠在其北，修政不仁，汤放之。殷纣之国，左孟门，右太行，常山在其北，大河经其南，修政不德，武王杀之。由此观之，在德不在险。若君不修德，舟中之人尽为敌国也。"

太原刘氏曰：战国之士，论仁义道德者，孟轲（孟子，名轲）也。起，兵家者流，亦以仁义道德为言，何哉？盖起学于曾子，而曾子受之孔子，故其言相同也。

吴起到鲁求发展，投身曾子门下，刻苦学习，钻研儒学。齐国一大夫，发现吴起是个人才，便将女儿许配给吴起。然正当他在攻读向学时，其母病逝，吴起曾誓言功名不就不返乡，乃忍痛不归乡守三年之丧，因此被曾子逐出门墙。

但曾子纯乎仁义道德，而起杂以权谋功利，此所以母死不奔丧，而见绝（拒）于曾子；杀妻以求将，而见疑于鲁君；逃于魏，而丧于楚。盖起能言之，而不能行之，故也。

施子美曰：起尝杀妻以求将，嚼臂以盟母，其忍固不可言，然而用兵，司马穰苴不能过，是以君子遗其行而取其材。噫！盗嫂受金者不失为汉之谋士，食人鸡子者不失为魏之良将，吾方以能取人，何暇恤其他？此《吴起兵法》之所以传也。

《武经七书》

吴起与孙武并称，《孙吴兵法》闻名于世。本书是吴起对魏文、武侯谈话的言论集，计分《图国》《料敌》《治兵》《论将》《应变》《励士》六篇。论到富国强兵、料敌战备、选将用兵、激励士气、战争原则。全书主旨，乃为安国治军、用兵大计。

司马迁在《史记》中，将吴起与孙武、孙膑并列，作《孙子吴起列传》，曰："世俗所称师旅，皆道《孙子》十三篇、《吴起兵法》，世多有。"

夏振翼：《吴子》六篇，皆兵家机权、法制之说。

"机"，枢纽。"权"，权变，权衡轻重，引申为是非、好坏、善恶之标准。然每人各有其标准，欲达此一标准，必变个方法，中间所用的手段即权。权变、权衡、权术。

做任何事，皆有目的，必识"机"。机一碰，即动。权，即做事必把持枢纽，使之进行无碍。

立法容易，然依法行事难。所以什么方法皆有，但生作用者少，"制"之难在此。如立法能生作用，且使之无流弊，才称得上法制社会。应以实际事研究之。

人如能知自己智慧有所不足就好，一般人皆自以为是智慧的超级品。看舜是如何成其为大智者？"舜其大知也与！

舜好问而好察迩言""执其两端，用其中于民"（《中庸》）。
不要自以为是智慧的超级品，遇事应多问问、多加以考察，
还要研究左右环境的反应，然后采择别人的智慧。不要主观
决定一事，否则小者危己身，大者危害国家民族，造孽莫过
于此。

然其图国以"和"，教民以"礼"，治兵以"信"，庶几（差
不多接近）汤武仁义之师，较之《孙子》十三篇纯用机智，不伦矣。
故高氏曰："起之言几于正，武之书一于奇。"

"不伦"，《吴子》与《孙子》不一类。
《吴子》言"几于正"，吴起为儒家论兵。
《孙子》"一于奇"，"一"为动词，完全在于奇。
书主在"悟"，人手一本《孙子》，装样而已！

盖起尝学于曾子，故其言多道德之遗意欤？

吴起是曾子的学生，其论兵以"内修文德，外治武备"为
主，故"几于正"。

吴子入魏，启以文武之道，即动以不得不用之势。立身兼
文武，则"治己"有全才；立国兼文武，则"治人"有全术。

吴子初见文侯，数语抉其隐衷，且即其日所加意者惕之；苟

不得其人而轻试战攻，覆亡立至，令之心胆俱寒，随以国是委之，卒建大功。吴子诚战国之"人杰"也，学者毋以急于自售而少之。

吴起儒服，以兵机见魏文侯。

【夏振翼批】（简称【批】，下同）此记吴子挟两端以干进，而惧之以害，以自任也。

【夏振翼注】（简称【注】，下同）文侯，晋大夫魏斯也，与韩虔、赵籍三分晋地为诸侯。

题炬：吴起学于曾子，儒服实其本等，但以兵机见文侯，未免为功名热念。

【夏振翼解】（简称【解】，下同）常见之时，所服者儒服，不改其素也。所挟者兵机，自炫其才也。盖有文事者，必有武备，即樽俎可以寓折冲，裘带可以当靴韅（蔽膝）之意。第其心急于功名，是窥见文侯之好兵，而相机以投者。

"吴起儒服"，吴子着儒服，乃儒家论兵，因其为曾子弟子。"兵机"，乃用兵之机。

文侯曰："寡人不好（喜好）**军旅之事。"**

【注】寡人者，寡德之人，谦词也。

吴起与魏文侯，一个貌不惊人，一个不深刻了解。

"正颜色，出辞气"，此为高深的修养，"正颜色，斯近信矣；出辞气，斯远鄙倍矣"（《论语·泰伯》），谈吐举止，使人一见面，即不敢小瞧你，因为自己的一举一动皆合乎标准。辞气，即声音的抑扬顿挫。

小孩自小即必须训练其"行、住、坐、卧"，吃有吃相，坐有坐相。现代人早上手拎袋豆浆，如同从医院打点滴出来的，焉有美感可言？如此习以为常，坏！

"性相近，习相远"，习气影响人甚大。就是有野望，也得加上功夫，要严格训练自己。

起曰："臣以见占隐，以往察来，主君何言与心违？

【注】占，测度也。察，密视也。

【解】择君而事，常以事之外见者，测君之隐微；以事之已往者，征君之将来。君未始不留意于军旅，何言之所出，与心之所主相违背乎？

施子美曰：观人之迹，可以知人之心；观人之已为，可以知人之所未为。见者，迹也；隐者，心也；往者，已为也；来者，未为也。

"以见占隐"，拿实境占人心理的事，"他人有心，予忖度之"（《孟子·梁惠王上》引《诗经》）。

"以往察来"，"视其所以，观其所由，察其所安，人焉廋哉？人焉廋哉"（《论语·为政》）。一层一层地深入，逐渐进入问题核心。

先举证，再批评，使对方无话可说。

"今君四时使斩离皮革，掩以朱漆，画以丹青，烁以犀象。

【注】四时，春夏秋冬也。斩离，开剥也，皮革，众兽之皮。掩，涂饰也。朱，赤色。漆，木液沾可饰器。画，图绘也。丹青，即图绘之色。烁，光闪也。犀、象，二猛兽名。

【解】于春夏秋冬之际，使人开剥皮革，以为衣甲，而掩之以朱漆之饰，取其光泽；画之以丹青之色，取其华彩；烁之以犀象之形，取其威猛。

施子美曰：此乃《周官》卢人为卢器之制也。

"烁以犀象"，犀、象，二猛兽。人少以人像，而是以兽像装饰自己的威武。

皇宫一进门，即摆一排铜兽，东西方皆然。自此分析人的心理。

"冬日衣（yì，穿）之则不温，夏日衣之则不凉。为长戟二丈四尺，短戟一丈二尺，革车奄户，缦轮笼毂。观之于目则不丽，乘之以田则不轻，不识主君安用此也？

【注】戟，有枝之兵。革车，重车也。掩户，言其车之高大遮蔽门户也。轮，车之两轮。毂，外持辐，内受轴者。缦笼，谓以兵革蒙罩于外，所以备矢石便战攻也。

【解】彭氏曰："不温"以下数句，正是破他不好军旅之语。

施子美曰：甲之为用，以冬日衣之则不温，夏日衣之则不凉。车戟之用，观之于目则不丽，乘之以田则不轻，此乃攻战之具。有其具，而曰不好其事，果安用此哉？

这些均是于日常无用的东西。

"若以备进战退守，而不求用者，譬犹伏鸡之搏狸，乳犬之犯虎，虽有斗心，随之死矣！

【注】伏鸡，抱雏之鸡。乳犬，欲乳之犬。搏，击也。犯，干也。

【解】指归曰：物之至难搏难犯者，狸也虎也；而况伏鸡乳犬当之乎？盖军旅重任，非得能用之人，虽有备具，亦终必亡耳。

施子美曰：无善棋，有善奕；无胜兵，有胜将。兵而无将，是以其卒予敌也……吴起此言，欲文侯以己为将也。

谈话之术，渐入主题。

孟子谈话之术高，但有时并不合乎逻辑。打烂仗与讲学理，有所不同。应学会如何推销自己。

"昔承桑氏之君，修德废武，以灭其国家；有扈氏之君，恃众好勇，以丧其社稷。明主鉴兹，必内修文德，外治武备。故当敌而不进，无逮（及）于义也；僵尸而哀之，无逮于仁也。"

【批】古人偏废之失，以见文武贵乎兼资也。

【注】废武，不治武备也。好勇，不修文德也。鉴，视也。内修、外治，言当两全也。不进者，不能御侮也。哀之者，矜恤其民也。

陆经义曰：吴子初见文侯，内外仁义之论，言简而确，气壮而正，盖由曾子"大勇教"中理会来。

【解】陈孝平曰：以"当敌不进"四语为戒，方是兵机。

味"当敌不进"四语，单指"治武"与前"兵机"二字照应。

施子美曰：天下之事，未有偏而无弊者……刚猛相济而政和，况文武并用，长久之术也，其可偏废乎……明主鉴兹，故内则修文德，外则治武备，示不偏胜也……爱人者，圣人之本心，而治兵者，御敌之一术，二者其可偏废乎？

"承桑氏"，出自少昊穷桑氏，子孙以桑为氏。

"有扈氏"，启的庶兄，不服启"家天下"，大战于甘，为启所灭。

"内修文德"，"修文德以来之"（《论语·季氏》），使民知孝悌忠信，以抚绥百姓；"外治武备"（《史记·孔子世家》），三军进退有方，节制严明，整治武备以防之。"有文事者，必有武备"，文武兼资，国之所以常治也。

"当敌而不进"，有敌人，不敢与之正面较量；"无及于义"，义者，宜也，不宜于立国之道。

"僵尸而哀之"，李华《吊古战场文》曰："苍苍烝民，谁无父母？提携捧负，畏其不寿。谁无兄弟？如足如手。谁无夫妇？如宾如友。生也何恩，杀之何咎？其存其没，家莫闻知。"

行冷战之术，每天都得主动。吹牛不必多，但要中肯。吹牛三句，叫打瞌睡者都得听完。

孔子有智，但想扭转一个时都不易！圣人不能生时，然"时至而不失之"，换言之，时来就抓住之。

现在必"识时"，还必懂得"用智"，才知道今是什么时。知属于什么时了，就应知道要怎么做，否则即为违时。但每个人各有其时，"时""位"均不同。

时，有先时、治时、因时、违时四个境界。先时，先于时，治国领袖人物没有不能先看几招的。棋圣几段，也就是说下棋之前，至少必看三招，才能达段数。至少也必治时，还要能控制时。因时，是马后课。违时，更不能谈了！

大盗盗国，代代有之。中国史中，土匪时代最久，王者、霸者少有之。故《大易》赞"革命"，曰"革之时大矣哉！"

"必临敌而敬"，先时，先来一着，革你的命。《孙子》所谓"先着"者也。

于是，文侯身自布席（铺设坐席），夫人捧（执）觞（shāng，酒器），醮（jiào）吴起于庙，立为大将，守西河。与诸侯大战七十六，全胜六十四，余则均解。辟土四面，拓地千里，皆起之功也。

【注】布席，设坐席也。捧，执也。觞，酒器。醮，祷祭以酒灌地也。庙，祖庙。西河，魏地，与秦接境。均解，谓彼此相持，无胜无负也。辟，开广也；拓，充大也。

此章述起仕魏，而隐括其遇合之降隆，功业之盛也……吴子遭逢文侯，以显功名，诚幸甚也，故特冠此于篇首。

【解】醒宗：立为大将，正文侯倾心委任处。一见之倾，便能折节隆贤，较之古人后车与载者，同一好尚。

新宗：魏处中央之地，四面受敌，其来久矣。今得吴子而天下莫敌，辟土四面，拓地千里，功何伟哉！

施子美曰：有非常之礼，而后可以待非常之才；有非常之才，而后可以立非常之功。

此段分四个层次：王、霸、失时、逢时。

"文侯身自布席，夫人捧觞"，可看出夫人之识机。

"立为大将，守西河"，有守就有权。吴起有练兵、实战经验，且为常胜将军。

"世有伯乐，然后有千里马"，文侯与吴起两人合作，就写下辉煌的历史。但"千里马常有，而伯乐不常有。故虽有名马，祇辱于奴隶人之手，骈死于槽枥之间，不以千里称也"（韩愈《马说》），史上不知有多少人才被埋没了！

吴子曰："昔之图（治）国家者，必先教百姓，而亲万民。

【注】图，犹治也。教，谓训告率廸，如师保之训其弟也；

亲，谓爱育抚恤，如父母之爱其子也。百姓，畿内之民；万民，统宇内之民而言也。百姓曰教，万民曰亲者，互文耳，非万民不教而百姓不亲也。

谈氏曰：吴子教百姓，"亲万民"一语，可为千古治民之祖。孔子曰："以不教民战，是谓弃之。"孟子曰："壮者以暇日，修其孝悌忠信……可使制挺以挞秦楚之坚甲利兵矣。"原不专一智巧为务也。其所以称大兵于天下者，亦惟朝而训诲，夕而抚摩，使上下相亲，如家人父子可耳。彼天下之不能教、不能亲者，自不敢逞其兵力以抗我矣。

【解】《指南》：教之亲之，俱在平日言，味"必先"二字，可见。

施子美曰：盖百官者，教文所自出，故以"教"言。万民则欲从其上之教，故以"亲"言。

《尚书·尧典》曰"平（辨）章百姓。百姓昭明，协和万邦。黎民於（wū）变时雍"，"百姓"，百官族姓；"黎民"，一般大众，万民。"教百姓，亲万民"，有层次。

"不教而杀谓之虐"（《论语·尧曰》），"以不教民战，是谓弃之"（《论语·子路》），《春秋》重民，"战攻侵伐，虽数百起，必一二书，伤其害所重也"（《春秋繁露·竹林》）。

"有四不和：不和于国，不可以出军；不和于军，不可以出陈（阵）；不和于陈，不可以进战；不和于战，不可以决胜。

【批】欲用民力，必先导之使如家人父子，而后可望其同仇敌忾也。

【注】和，顺而睦也。国不和，则上下离心；军不和，则吏不附；阵不和，则行列不整；战不和，则进退乖违，皆未可也。言此四者，以起下意。

【解】周鲁观曰：百姓万民，原无分别，看章旨，不过教民之不和者以归于和，然后可用耳。

施子美曰：此军之所以贵和也，和于国而后可以出军。

"有道"，做事有方法、步骤。

"先和而后造大事"，和，发而皆中节，"协和万邦"。和合，齐心协力，然后可以图大事。

无病不死人，抓来的兵能够和合、造大事？专以兵起家者，训练士兵如同训练老虎。

"是以，有道之主，将用其民，先和而后造大事。不敢信其私谋，必告于祖庙，启于元龟，参之天时，吉乃后举（用事）。

【批】言善图治者，有以得人和之效。

【注】先和者，谓于未事之时，使其千万人如一心也。造，作也。大事，征伐之事。信者，自恃之谓。私谋，非公议也。告，报也。启，咨也。元，大也。元龟，出蔡地，用以占卜吉凶。《书》曰："谅谋佥同，鬼神其依龟筮协从。"言用兵既和其众，又质之于鬼神也。参，度也。度之天时，以验其顺逆也。吉，谓天时、神明两相符合也。举，起行也。

【解】醒宗："先和"，统承上四项在内。先和，非专为造大事。而造大事，不可不先和也。

此即为解题而作。

"不敢信其私谋"，信私谋，信己智，不能接受别人。

领袖人物不迷信，但可以"信"迷别人，"必告于祖庙，启于元龟，参之天时，吉乃后举"。

"告于祖庙"，宗庙，昔在太庙议政，庙谟、庙算。

"启于元龟"，"元龟"，出蔡地。"臧文仲居蔡"，"居"，养也；"蔡"，大乌龟。养王八，懂王八的心理。"山节藻棁，何如其知也？"（《论语·公冶长》）臧文仲建造自己的宗庙，房顶呈拱形，柱子上画着水草图案，庙内藏着大龟，像天子的宗庙一样。孔子很会吃豆腐，吃得很文雅！《中庸》称："人之为道而远人！"

"参之天时"，兴兵之常，民必知之。

"为谁而战？为何而战？"此时，就有逢迎者，逢君之恶，当政者喜什么，就说逢迎的话。

"民知君之爱其命，惜其死，若此之至，而与之临难，则士以进死为荣，退生为辱矣。"

【注】与之，犹言使之。士，指三军而言。进死，人之所难，而反以为荣；退生，人之所欲，而反以为辱者，皆人心之踊跃然也。

【解】新宗：民知君之"爱其命，惜其死"，承上"告庙、启龟、顺天"说，不轻用民命，便是爱惜吾民。

"进死为荣，退生为辱"，即感激思奋之意。

此为政术，使百姓以死为荣。

搞政治必得有术。"求也艺，于从政乎何有？"（《论语·雍也》）政治家应比画家更具有艺术天分，才能把社会治理得很灿烂。如弄成像破车般，就糟，完全不堪入目！

吴子曰："夫道者，所以反本复始；义者，所以行事立功；谋者，所以违害就利；要者，所以保业守成。若行不合道，举（用事）不合义，而处大居贵，患必及之。

此章言道义谋要，为人君之本，而归重于四德之全修，以为应天顺人之举。言人君不可悖乎"道、义、谋、要"之四端，以自取其灭亡也。

【注】道者，事物当然之理，人所共由者，如父子有亲、君臣有义、夫妇有别、长幼有序、朋友有信是也。本，根本，即人之性。始，赋予，即天之命。义者，心之制，事之宜也。谋者，筹度之谓。违，背也，远，去也；就，即也，就之也。要者，约也，犹纲领也。保业，谓保全基业，不至倾覆也；守成，谓遵守成宪，不至废坠也。处大，崛起在位；居贵，身为天子。患，灾害也。

【解】王若汉曰：实实救民水火，去暴除残，本为利天下，方是义。

陆经翼曰：害者，所常违之者也；利者，所当就之者也。若不能谋，遂有害而不见为害，有利而不见为利矣。惟其谋之也，而后害之所在，以谋而知所宜违；利之所在，以谋而知所宜就。

"道"，常道。人所必行之路。有道，办事有路子。

"行不由径"（《论语·雍也》），"率性之谓道"（《中庸》），道并不神秘，是很实际的。性，道之体；道，性之用。常道，日常行事。做事必有方法、步骤。

"反本复始"，复其始，返其本性。复性，将性之本能完全发挥出来，《易·说卦传》曰："穷理尽性以至于命。"命、性、心，三位一体。

一套，就有用，熟能生巧。活着叫"荣民"，死的叫"荣烈"。

"义者，所以行事立功"，做事完全合乎计划、步骤，即一切"宜于义"也，才能行事立功。

"谋者，所以违害就利"，远离害，亲近利。《易经》就是要人"趋吉避凶"。

"要者，所以保业守成"，创业维艰，守成更难。

"日知其所亡，月无忘其所能"（《论语·子张》），才叫进步。所以，每天要努力上进，如连新闻、杂志都不看，又如何进步？

"行不合道，举不合义"，设若做事的行为不合乎人性，可以做？"上失其道，民散久矣。如得其情，则哀矜而勿喜"（《论语·子张》）。

"处大居贵，患必及之"，想不到的好，做梦都没有想到，真不知东南西北，接着，想不到的坏来了！突如其来的事，皆难处也。人暴得大位、大名、大利，皆非好事，不祥！

"是以，圣人绥之以道，理之以义，动之以礼，抚之以仁；此四德者，修之则兴，废之则衰。故成汤讨桀，而夏民喜悦；周武伐纣，而殷人不非（诽）。举顺天人，故能然矣。"

【批】言圣人之盛德及人，斯其民心悦服，即"以仁易暴"，而人不以此非之。

【注】绥，安之也；理，治之也；动，鼓舞之也；抚，爱育也。德者，行之而有得于心也。修，补其阙也。喜，形于色；悦，存诸心。

新宗曰：上顺乎天心，下顺乎人意，故"一戎衣（殷）而天下咸服"，盖所处之时势使然，非容矫强也。

刘氏曰：性有四德，此章首言道、义、谋、要，中言道、义、礼、仁者。盖谋，即智也；要，亦理也。道，散之万事；德，会之一心。吴子之言，殆有所本欤？

"散之万事，会之一心"，一致百虑，殊途同归。

"绥之以道"，"绥"的手段，比"安"高明、舒服。"归绥"，证明你跑掉，再抓回笼。归来，既不能打，也不能骂。昔为别人拿去，再拿回，得"绥之"。"春风风人，夏雨雨人"，即"绥"的滋味。

中国字有深意，触类旁通，必好好玩味。许多书不易看，因不识字。

高阳（1922—1992）专吃清朝的饭，他屋中，就一部《大汉和辞典》，一部《清史稿》。

有时有所感触，但一感一触，就完了，否则怎么……是中国人，出辞气要……

"理之以义"，"义者，宜也"。整理得恰到好处。理发厅，剃头户。

先知，创教的智者，可以启发人的智慧。我无处不跑，曾在灵修院做旁听生一年，就为了了解基督教。

"动之以礼"，对人，"临之以庄则敬"（《论语·为政》），"敬事而信"（《论语·学而》），"动之不以礼，未善也"（《论语·卫灵公》），进退周旋，有威可畏，有仪可象；"约之以礼"（《论语·雍也》），对己，"博我以文，约我以礼"（《论语·子罕》），以礼约文。

"抚之以仁"，抚慰，亲生父母摸摸头，感到无限的安慰。

膝下，小时候抱着父母的腿转，父母摸摸儿的头。写"膝下"，有无尽的安慰，皆无法用言语所能形容的，冷暖自知。回味真人性的滋味。

昔日对父母不孝，感到无尽的亏欠，因自人性教育。不生儿育女，不知父母恩，回想父母的爱。

"活不过小狗，不愿再把这狗再给人"，因为生活习惯、爱的方式不同，难以再适应其他的方式了。

婆媳之所以不合，主要在于生活习惯不同。昔"门当户对"，是指知识水平，而非财富。是有钱的，皆没职业，即穷人。

"修之则兴，废之则衰"，何以时代不上轨道？冷静想一想。将人性之深处挖出，就因为没了人性才情薄，无情无义。对人性认识不清，才造成今天的种种偏差。应恢复人性，使之自根上认识，返本复性，本立而道生。

吴子曰："凡制国治军，必教之以礼，励之以义，使有耻也。

【批】此言欲用民力，必使知礼知义，以生其耻，而无取于好战也。

【注】教，教导也。礼者，天理之节文、人事之仪则也。励，勉励也。义者，忠信之行、节操之为也。

【解】指归：人心之中，本有不容踰越之品节，在上者诚有以教之，耳提面命，则人自感动其本原，而相安于节制。

王若汉曰：刑威法令，可以慑人心志，而不可一人性情，惟礼教之入人深也。"必"字，有断然不易之意。

施子美曰：夫人既有耻，则教励之者至，而无所用而不可矣！

精义为要，读文章贵乎得其精义。

"教之以礼，励之以义"，"《春秋》者，礼义之大宗也。"(《史记·太史公自序》) 明礼知义，才能 "人人有士君子之行，而少过矣"(《春秋繁露·俞序》)。

"使有耻"，终极目的，知耻，"无耻之耻，无耻矣"(《孟子·尽心上》)，耻不如人。下 "知耻" 的功夫，"耻不从枉"，"不从枉，则邪事不生"(《管子·牧民》)。

人皆 "见贤思齐"(《论语·里仁》)，"思齐"，为功夫之所在。思与贤齐，不让他专美于前。自人性看，人其实很有希望。自小即懂得争，想高过别人，此即人性。学任何东西，老感觉比不上大师兄，耻不如人，就会每天下真功夫，不断地努力求进步。

"夫人有耻，在大足以战，在小足以守矣。然战胜易，守胜难。

【注】人知礼义，则有羞恶是非之心，而急于尊君亲上之道，用之即戎，自效死而弗去也。大，大国也；小，小国也。足以战者，言皆致其力也；足以守者，言皆坚其志也。大国易于胜人，小国难以自守。

我的人生观与你们不同，自年轻即参加革命，主在求中国不被瓜分。告知："入美国籍者，不许登师门。"现在后悔了，学生不来，就装腔作势，表里不一嘛！

现在开口就骂"老贼"，但社会的进步就是跑接力，一棒接一棒。接棒时，要想如何接好、跑好这一棒，而不是骂前一棒。

一个时代有其思想，因此思想有其产物。我的时代，净受外国人的气，不同于你们的时代，故我教外国学生有教外国学生之道。

人必得有所守，即守住分寸。

施子美曰：知之非难，行之惟难。

"战胜易，守胜难！"所以，往往"富不过三代"。

就是会背书，也不能治国平天下。我就以小时读的几本书混饭吃，在台四十年，"不识字"（师尊在台身份证：姓名刘柱林，学历栏不识字），还可以指导博士论文。有状元徒弟，没有状元师傅嘛！同学搞什么主义的都有，无论谁成功，我都是老师。

"故曰：天下战国（好战之国），五胜者祸，四胜者弊，三胜者霸，二胜者王，一胜者帝。是以数（shuò，屡）胜得天下者稀（少），以亡者众（多）。"

【注】"故曰"以下，皆引成语。"五胜者祸"，言黩武玩兵，

自取其败也；"四胜者弊"，言暴师既久，数战民疲也；"三胜者霸"，言威势陵人，敌自畏服也；"二胜一胜"，言不得已而用之，故为帝王之兵也。

施子美曰：不然，《孙子》何以曰"百战百胜，非善之善者也；不战而屈人之兵，善之善者也"？

"五胜者祸"，五胜之国，国民易骄，故祸之。

乡国自古就骂"臭美"，谚语。"满不在乎"，此话在"满洲国"成立之前就有。下令不许说，民间说得更厉害。见什么，皆一笑！

"心无挂碍，无挂碍故，无有恐怖，远离颠倒梦想"（《心经》），好好玩味笑话，都悟明白了，就知自己该做什么，不糊里糊涂过日子。

吴子曰："凡兵者之所以起者有五：一曰争名，二曰争利，三曰积恶，四曰内乱，五曰因饥。

【批】言五兵之由。

【注】焦氏曰：争名，谓图王定霸。争利，谓夺地争城。积恶，谓两国积怨。内乱，谓敌有弑逆。因饥，谓民穷思乱。五兵，惟积恶、内乱，可兵；余皆乘人之危，非义举也。

施子美曰：五兵所起，必有"因"也。

争名、争利、积恶、内乱、饥饿……兵之所以起。

争名夺利，无所不用其极。今天又有几人知严家淦（1905—1993）？他能使蒋家信他，何等不易！他用何功夫能使蒋经国对他信之不疑？如以此功夫建立一事功，岂不永远活在人的心中？

孙中山不然，说"要作大事业，不要作大官"。把社会事看清了，愈知自己要做什么。"富而可求者，虽执鞭之士，吾亦为之。如不可求，从吾所好"（《论语·述而》），做自己喜欢的事，没有不成功的！

"积恶"，恶不积不足以灭身。读书如读智慧，今天读了，明天就有用。《心经》好好悟，心理上就不会有压迫感，"远离颠倒梦想"。

如死后真有鬼，又何必警察办案？难道鬼皆"死得其所"？鬼神之道，鬼，自己祖先；神，有遗爱在民者。祖师庙，国家祭祀之一。祭鬼神，是在报恩。祭天，求赐福、赐寿。

"饥"，五谷不熟，饥荒导致民乱。中国史上多次变乱，皆肇于百姓挨饿。百姓只要有饭吃，就乐得冒泡，还会造反？有些人钱太多，刺激没钱的也乱，现皆因没钱而犯罪！

"其名又有五：一曰义兵，二曰强兵，三曰刚兵，四曰暴兵，五曰逆兵。

【批】言五兵之名。

【注】名，即因兵之起而名也。名虽有五，惟义兵可以名言，余皆不可以名言也。

【解】言兵所由名；名者，名此五等之兵也。

知道朝鲜战争是怎么打的？刀片，烧火棍。是祸，躲不过。中国有宿怨，积怨太深了！

"禁暴救乱曰义，恃众以伐曰强，因怒兴师曰刚，弃礼贪利曰暴，国乱人疲、举事动众曰逆。

【批】申五者命名之义。

【注】禁，止也；救，拯也。恃，倚也。怒，私忿也。弃，废也。贪，图也。疲，敝也。

"因怒兴师曰刚"，因己之私忿而兴师。"主不可怒而兴师，将不可愠而致战"（《孙子兵法·火攻》），怎么可以太刚，乱发脾气！

"弃礼贪利曰暴"，灭弃谦让之礼，唯知贪人之有。暴发户往往为富不仁。

"五者之服，各有其道：义必以礼服，强必以谦服，刚必以辞服，暴必以诈服，逆必以权服。"

【批】言五者之兵，皆有所以服之之道。

【注】服，谓折其心，屈其体也。

【解】兵之所起不同，所名各异，而所以服之者，亦自有殊施也。

金千仞曰：一样有一样服他底道理，不可参错紊乱也。

施子美曰：兴师之名，虽则不同，制敌之术，亦随之以异。

"道"，处理事情的方法、步骤。

"以权服"，人世（事）有轻重、是非、好坏、善恶，处世应善用智慧。"权"，"可与适道，未可与权"，行权，乃最高的境界，不易！

"先谋而后动"，做事要谋定而后动，必先谋，谋步骤、方法而后动。

你们光有想法，没有做法。想法不一定错，做法不周全。表态的机会多，可是表态亦得表得标准、美，才能动人。有想法，也得有做法。

为何去？去，得有所获。想自对方得点东西，不易。去有目的，有所得才不白去，必要有方法。谋之前，必要了解对方，如北方人吃咸不吃甜。

必要真了解对方的情势，谋定而后动。如是"输诚"，也得事先让对方知道你是"诚心"来降的，否则还以为你是在"偷降"。

我回去看师母，但她已故去，不会让人抢去了。人生求不得之苦，才是真苦。

武侯问曰："愿闻治兵、料人、固国之道。"

【批】武侯嗣立，而即以军旅、人民、国是三者致问，而求之于道也。

【注】武侯，文侯之子，名击。治，整理也。料，量度也。固，持守也。兵不治，则纷而无纪；人不料，则才不能见；国不固，则暇衅易生。道，理所当然者，得其道而存，失其道而亡，此武侯所以谆谆致询也。

学术，也得用得上。诸子百家学术，无不以"知敌"为先。未知敌，不知谁是谁，那去做什么？想斗，也必了解斗的对象，"知彼知己，百战不殆"，但必要真知。知敌，设谋，谋对敌的步骤与方法。

去访问人家，必要事先安排，人家已先了解你了。

淮海战役，就解决国民党的问题。

不打没把握的仗。人家在你面前说"软话"，必要小心，人家早就了解你了。

起对曰："古之明王，**必谨君臣之礼，饰上下之仪**（则），安集吏民，顺俗而教，简募良才，以备不虞。昔齐桓募士五万，以霸诸侯；晋文召为前行四万，以获其志；秦穆置陷陈（阵）三万，以服邻敌。

【批】言治兵、料人、固国三者，道属一贯，而必以礼教育之。

【注】凡君问，皆称"起对曰"者，尊君之词也。明，哲也。谨，敬也。君使臣事，皆有定礼，敬谨之不使紊乱，以明尊卑之谊也。饰，修也。居上处下，皆有仪则，修饰之不令废坠，以辨贵贱之分也。吏，谓将吏。俗，风俗也。简，选择也。募，广求也。良材，有用之才。备，犹防也。前行，可当行阵之前者。陷阵，力能摧陷敌阵者。齐桓公，姜姓，名小白。晋文公，姬姓，名重耳。秦穆公，赢姓，名任好。皆春秋之霸主。

王若汉曰：礼为治国之大经，必谨其礼，使尊卑之等明，上下之分定，然后治兵、料人，可以次第举行。

【解】叶伯升曰：从未有体统之陵夷，能经国而诘戎者，惟深于礼者，始可与言军旅耳。

"谨君臣之礼"，要有礼之分界，必要有谨，谨之以礼，"晏平仲善与人交，久而（能）敬之"（《论语·公冶长》），守礼。父子之亲、夫妇之近，皆必谨之以礼。举案齐眉，谨夫妇之礼。夫妇如有第一次吵，就会吵不休，千万不要有第一次吵架。

大全：这"仪"字非是粗迹……"仪"字从"礼"字来，"饰"字从"谨"字来。

"饰上下之仪"，饰，表现在外，"礼仪三百，威仪三千"（《中庸》），威自礼生，"君子不重则不威"（《论语·学而》），要自尊自重，天德自尊吾自贵。

"顺俗而教"，"修其教，不易其俗；齐其政，不易其宜"（《礼记·王制》），不可按己意教，顺其俗，入境要问俗。风俗并非一二日形成的，"风俗之厚薄，系乎一二人心之所向"，"上有好者，下必有甚焉者矣。'君子之德，风也；小人之德，草也。草上之风必偃。'"（《孟子·滕文公上》）。

国民党打"汉民族主义"，积怨，因为不了解民族心理。不了解民族心理，百姓与统治者乃背道而驰。

王汉若曰："简募"字，从"料"字来，简而不募，则网罗不广；募而不简，则甄别不精。斯天下良材入吾彀中也。

"简募良才，以备不虞"，简选、召集，举用能者，使能者在职。如长于办外交的掌交通，即不才，不能胜任。人才得平日就储备之。

"故强国之君，必料其民。民有胆勇气力者，聚为一卒；乐以进战效力，以显其忠勇者，聚为一卒；能逾高超远，轻足善走者，聚为一卒；王臣失位，而欲见功于上者，聚为一卒；弃城去守，欲除其丑者，聚为一卒。此五者，军之练锐也。有此三千人，内出可以决围，外入可以屠城矣。"

【批】此正言料人以治兵，而决围屠城，皆在所易，又何固国之足云？

【注】聚，集也。一卒，百人。除丑，犹言雪耻也。练锐，勇锐之士，而复加以练习也。决，犹开也。屠，即攻也。

胡君常曰：五者，一以取胆气，一以藉忠勇，一以备觇谍追逐，若见功除丑，则使过之涤。

吴起以"兵不在多，以治为胜"思想，根据士兵不同特长编组，并加以严格训练，成为一支攻无不克、战无不胜的常胜军。

图国第一

【解】王汉若曰：此五项，皆锐也。如胆勇气力之人，杂一无胆勇气力者在于其中，即有胆勇气力者，亦为沮丧不振矣。惟聚于一处，则比权量力，锐而益锐，锋芒自不可当。

施子美曰：此军之练士，不可不察也。

平时得"料民"，看哪个人是什么材料，要有备才能无患。

吴起善于练兵。"聚为一卒"为重要之术，使之"一其志"。

"聚"，将一类类聚在一起。将相近的聚在一起，本身得有"通德类情"的智慧。德，行为的表现。

群德，搞小组织，首要得行为、嗜好相近，此乃通德功夫。其次，看情如何，还必得类情。如此，才能发挥群的作用。

同学在一起，学什么的凑在一起，十个臭皮匠胜过一个诸葛亮。要有群德，不能净耍单帮。养群德，不忮，《大学》称"人之有技，若己有之；人之彦圣，其心好之"，为"养群德"之不二法门。一个"他呀！"于人无影响，倒显出你的失德，就听不了说别人好。就是卖豆浆，也得有三个人，如无容人之量，就连个豆浆店也开不成。

群，非不管好坏人皆凑在一起，拉一帮，饥不择食，结果达不到目的，还适得其反。匆匆忙忙找，必得出事，必须在平时就要留意。

许多事可以锻炼出，否则难以成事。我就自己一人在台过四十多年。

以为一代大学毕业就有办法？"三世为官，才懂得吃和穿"，那要多少世为官，才学会搞政治？

"智者不怒"，不生气，还能乱跳桌子？

"去守"，应守住而没守住。

会数学，也应好好算一算。真是至死不悟，强哉矫！通德类情，换言之，犯同一毛病。

总在一起者，总有相类之处，臭气相投。一出手，知你不会成功，经验！一半一半，则应八十四，但现已超过。

"练锐"，皆有专长，已是能手了，再加以训练。

武侯问曰："愿闻（知）陈（阵）必定，守必固，战必胜之道。"

【解】"道"字，须看得深，不可作"法"字讲。

要知其所以为。

起对曰："立见且可，岂直闻乎？

【注】立见，谓立时可见也。直，犹但也。
【解】夫阵定守固，战胜之道，立待而目见之，且以为可，

岂直闻其言而已乎？

不是靠讲，而视怎么做。不必讲道，问问自己。

"君能使贤者居上，不肖者处下，则陈（阵）已定矣；民安其田宅，亲其有司（对领导亲热），则守已固矣；百姓皆（如出一口）是（肯定）吾君，而非（批评）邻国，则战已胜矣。"

【批】此言用兵之道，在于用贤亲民之间。

【注】不肖，不使得与贤者为伍，则行阵画一。民守本业，爱长上，则守御自坚。是吾君者，以吾君所行为也。非邻国者，以邻国所行为非也，皆，谓百姓之言，如出一口也。

尤尺威曰：用得其人，则行阵自定；民安其业，则所守自固；百姓视其君如父母，则攻战自胜。

【解】新宗：最难调摄者，百姓是非之口。今百姓皆以吾君为是，自效死力于君，乐为之用，宁有不胜者乎？

"贤者居上，不肖者处下"，选贤举能，必选真有贤才者从政。贤才，专指对国家行政有贡献者。

韩愈《马说》云："千里马常有，而伯乐不常有。故虽有名马，祇辱于奴隶人之手，骈死于槽枥之间，不以千里称也。"周文王跑那么远，就为找一位钓鱼的糟老头？

"才难！"指干才而言，"如有周公之才之美"（《论语·泰伯》），周朝之所以有八百年江山，即因周公的干才。如真有周公、姜子牙之才之美，则可以传国传家到八百年，而非只八十年而已。

哀莫大于不知耻，还说"两眼炯炯有光"！道，非说，全视表现。多读书，如同温度计，遇事即知几度。天天讲书，没有用。你们能知而必行，才有用。上课前，事先看一遍，很重要！

武侯尝谋事，群臣莫能及，罢朝而有喜色。

【注】谋，筹度也。事，指国政言。

【解】汪殿武曰：武侯当日，在朝之臣，岂无智虑过之者？由其好谀恶直，群臣阁敢与抗，是以甘为退逊耳。武侯不以为忧，反以为喜，即此一事，足征其骄矜太甚也。

施子美曰：人莫不有求胜人之心，人之所以求胜人者，矜也，忌也。矜则欲夸己之长，忌则恶人之出其右。人孰无是矜忌之心？人而无矜忌之心，则无胜人之心矣！

看清了，不必迷信！

"知之为知，不知为不知，是知也"（《论语·为政》），以不知为知的人，最可怜！就人云亦云，也不加以考虑。

起进曰："昔楚庄王尝谋事，群臣莫能及，罢朝而有忧色。申公问曰：'君有忧色，何也？'曰：'寡人闻之，世不绝圣，国不乏贤，能得其师者王，得其友者霸。今寡人不才，而群臣莫及者，楚国其殆矣！'此楚庄王之所忧，而君说（悦）之，臣窃（私，自己）惧矣。"

【注】楚庄王，芈姓，名旅。申公，即申叔时，楚县尹。绝，无也；乏，少也。圣者，神明不测之号；贤者，才德出众之称。得师者王，如汤之于伊尹，武王之于太公；得友者霸，如齐桓之于管仲，燕昭之于乐毅。不才，谦词。殆，危也。

李卓吾曰：吴子所引之言，似为忤君，而不知实为爱君，即古良臣进规，不过是也。

【解】子舆氏曰："有大过则谏"，吴子诚圣门中人，直陈不阿，下此则未能也。

施子美曰：庄王之所以忧者，谓其世不绝圣，国不之贤也。得其师而后可以王，得其友而后可以伯。若此者，盖其所得之材不同，故其所成之功亦异。

楚庄王乃一位有"自知之明"的领袖。

能王天下、霸天下，全看识不识才。

以一人之智应付全世界，办得到？应以众人之智应付，众志、众智成城。

于是，武侯有惭色。

【注】有惭色者，闻起谏而愧悔也。

【解】王圻曰：武侯徒有惭色，亦非乐受其谏，宜乎起终不免也。

吴起能强国，但最后身亦不保！

料敌第二

此篇首言料敌，次言选士。料敌者，知彼也；选士者，知己也。

现为一"活"的环境，分秒都必得注意，因为世事瞬息万变、刹刹生新。

"首言料敌"，与对方竞争，首先要了解对方，焉能以主观应世？不了解对方，就要去对付，太幼稚了！做任何事都有对象，小孩就知"比美"，懂得有"对方"，所以要知敌、料敌。

到什么地方，都不可以轻敌，净说外行话。必使对方知道你，最低限度也可和对方打成平手。

与《孙子》大旨，互相发明。然必简拔英尤，以裕其力，而后可测察敌情，乘其隙以胜之。

"英"，华也，含英咀华，千人曰英；"尤"，异也，人物中之最。

作文章，少重复字。一个人最重要的是急智。鲍超（1828—1886）作战，被包围了，要师爷写书借兵，情急之下，乃自写一"鲍"被围起，曾帅一看便知。

中言见可而进，知难而退；后言观外知内，察进知止；以及急击勿疑，正料敌切实处，学者宜玩味之。

临大敌，全视自己心静不静，《大学》谓"定、静、安、虑、得"，自得。

社会清静的地方太少，从小就应训练在嘈杂环境中犹可以读书，日后才可以自吵闹环境中思考、理事。

武侯谓吴起曰："今秦胁吾西，楚带吾南，赵冲吾北，齐临吾东，燕绝吾后，韩居吾前；国之兵四守，势甚不便，忧此奈何？"

【批】武侯欲强其国，而虑及六国之难敌。

【注】秦，嬴姓，伯益之后，都咸阳。楚，芈姓，熊绎之后，都郢。赵，晋大夫赵籍也，与韩、魏三分晋地为诸侯，都邯郸。齐，姜姓，太公之后，都临淄；后为田氏所篡。燕，姬姓，召

公之后，都蓟。韩亦晋大夫，韩虔也，都宜阳。四守，四面距守也。奈何，犹言何以待之?

彭氏曰：魏居天下之中，左右前后，皆属邻封，四面受敌，日无宁处。

施子美曰：魏大梁之墟，故晋之都也。秦居其西，楚居其南，燕赵在其北，齐居其东，而韩据其前，此古战场之地也。

了解自己所处的环境。每个时代，有每个时代的责任。

老一代，取消了中国的不平等条约；你们这一代应好好努力，哪有资格批评老一代。

知道为什么而活，不要天天没事似的!

起对曰："夫安国家之道，先戒为宝。今君已戒，祸其远（yuàn）矣。

【批】言建树屏藩，在于君心之戒惧，而不在于关塞之险。

【注】戒者，谨慎之谓。

谈氏曰：吴子"先戒"之言，可与《易》之"衣袽"、《诗》之"履冰"、《书》之"无怠"，并志不朽。

【解】夫安定国家之道，惟贵豫立，苟君之心，先知戒谨而慎防之，斯为所宝者耳。

先戒，如《中庸》"戒慎"之"戒"是也，即"在德不在险"一语，其旨趣亦同

施子美曰：苟知所戒，祸不及之，在《易》之萃曰"君子以除戎器，戒不虞"……是知戒之所以为宝也。

"先戒为宝"，先时，防未然，《中庸》云："凡事豫则立。""思患而豫防之"（《易经·既济卦》），"豫解无穷"（《春秋公羊传·哀公十四年》何注）。

"今君已戒，祸其远矣"，给他戴高帽，此为做官的伏笔。赵孟贵之，赵孟贱之。

贪便宜，暗藏祸根！不要净想捡便宜，天底下没有这回事。社会是在德，不在险。

中国两本有系统的政治哲学：《大学》与《中庸》。最好能烂熟在胸，做事至少不离谱。

"臣请论六国之俗：夫齐陈（阵）重而不坚，秦陈（阵）散而自斗，楚陈（阵）整而不久，燕陈（阵）守而不走，三晋陈（阵）治而不用。

【批】言六国之兵阵不同，而皆有可乘之弊。

【注】六国之俗，指六国之兵阵言。

李碧萝曰：昔者苏秦揣摩三年，悬六国相印，不过将七国山川形势，土俗人情，了然于中耳。今吴子亦能一一指陈，可知其揣摩者熟矣，宜其辟土拓地，为一时名将也。

施子美曰：因其"俗"，而以求其"性"，则临阵搏战之"机"，皆可得而预言之矣。

"论六国之俗"，了解敌情，必有素养。

"夫齐性刚，其国富，君臣骄奢，而简于细民；其政宽（宽纵）而禄不均，一陈（阵）两心（同床异梦），前重后轻（力之不齐），故重（厚重）而不坚（坚固）。击此之道：必三分之，猎其左右，胁而从之，其陈（阵）可坏。

【批】释齐阵重而不坚之由，并言击其兵阵之道。

【注】刚，果毅也。国富，谓其通工商之业，便鱼盐之利也。简，忽略也。细民，小民也。前重后轻，力不齐也。三分，谓分吾军为三：一当其前，一当其左，一当其右也。猎，从旁逐兽之名。胁，夹击也。坏，犹破也。

学如何"知敌"。

国民党以"自斗"为道统，至今犹分主流、非主流派，内斗不休!

当天报不看，外面事什么也不知。

看书要冷静，我有时一天才读两段。人的智慧都差不多，就看善用与否。不查字典就问老师，老师又不是字典。

"秦性强，其地险，其政严，其赏罚信，其人不让，皆有斗心，故散而自战。击此之道：必先示之以利（小毛病），而引去之，士（商）贪于得，而离其将（政），乘乖猎散，设伏投机，其将可取。

【批】释秦阵散而自斗之由，并言击其兵阵之道。

【注】强，勇力也。地险，谓左崤、右陇蜀也。政严，如步过六尺有罚之类。赏罚信，如立信于徙木，立威于弃灰之类。离，即下乖散也。设伏者，伏吾兵以待之；投机者，相其机以乘之。

"其言不让，皆有斗心"，中国人太多，生产土地不足，自然而然必得不让。

"乘乖猎散"，离开常道，各个击破，如以文学作品、戏剧、地方小调等为之，影响人心。

到北京，先到东交民巷走一遍，昔日外国人住的地方。那时年轻人所以恨外国人，因外国人在中国横行。

"不是我们自己愿意国土分裂出去"，这句话就是你们这一代要送命之处。

"楚性弱，其地广，其政骚（烦扰），其民疲（疲怠），故整而不久（不能持久）。击此之道：袭乱其屯（聚之力），先夺其气，轻进速退，弊（困弊）而劳之，勿与争战，其军可败。

【批】释楚阵整而不久之由，并言击其兵阵之道。

【注】弱，怯懦也。地广，谓其西有黔中、巫郡，东有夏土、海阳，南有洞庭、苍梧，北有汾陉、邸阳之塞，方五千余里也。骚，烦扰；疲，疲怠。弊，困之使其弊；劳，误之使其劳。

"弊而劳之，勿与争战"，如斗蟋蟀般，斗一斗即可。

知敌，就知如何斗敌。不入虎穴，焉得虎子？胆小不得将军做。

"燕性悫（què），其民慎，好勇义，寡诈谋（此其毛病），故守而不走。击此之道：触而迫之，陵而远之，驰而后之，则上疑而下惧；谨我车骑，必避之路，其将可虏（掳）。

【批】释燕阵守而不走之由，并言击其兵阵之道。

【注】悫，诚实也。燕人之俗，惟其性悫而直，故可若远若近，或出或没，以使之疑惧。

【解】避，避忌也。盖彼所素畏心者，勿作"逃遁"字看。

"忠厚虽是无用的别名"，人忠厚固然有毛病。但聪明太外露，最易失败，因人家对你有戒心，就得不到真朋友，没有借力。

"三晋（今山西一带）者，中国（居中之国）也。其性和，其政平，其民疲于战，习于兵；轻其将，薄其禄，士无死志，故治而不用。击此之道：阻陈（阵）而压之，众来则拒之，去则追之，以倦其师。此其势也。

【批】释三晋阵治而不用之由，并言击其兵阵之道。

【注】和，温和也。平，无过不及之谓。疲，困也。习，玩也。阻阵而压者，抑其前往之势，使不得逞志于我也。拒，御也。追，逐也。

焦六霭曰：吴子以魏与韩、赵，如辅车相依，唇齿之邦也；故第言二国之势，而不及于虏将败军者，盖不欲自相攻击，而引致他人之胜己耳。

【解】焦六霭曰：吴子论六国之俗，极其详矣，极其当矣，然皆有可击之道，可见天下之强，势不足患，而惟患敌强之无人。此章凡五言击敌之道，皆以奇兵胜人，吴子之言，几于正；高氏之说，未可尽执也。

施子美曰：三晋者，韩、赵、魏也……其地乃涧瀍之间，天地所合，风雨所会，故其性和，圣贤之所教，仁义之所施，故其政平；介于大国之间，处于四战之地，故其民疲于战，习于兵……必有以知敌人之势，乃可以施制敌之术。既得其势，其于制敌也，又何难焉？

"薄其禄，士无死志"，不受重视，薄禄，凭什么有死之志？
用这些智慧，引申至左右环境。
随机应变不易，虽非权，亦近于权。"可与适道，未可与权"，权为最高境界。

"然则，一军之中，**必有虎贲之士，力轻扛鼎**（其力过人），**足轻戎马，搴旗斩将，必有能者**（特殊人物）。**若此之等，选而别之，爱而贵之，是谓军命。**

【批】言胜势在握，尤当选士，以为三军司命。

【注】虎贲，士之绝猛者。扛，横关对举也。力轻扛鼎，谓其力之过人；足轻戎马，言其足之便捷。搴，拔取也。别之者，

不使混于俦伍之中；贵之者，不使辱于卑贱之伦。军命，军之司命。

【解】周鲁观曰：虎贲之士，有才智勇力，可以制敌者也。重为将者，能选别爱贵上。

"军命"二字，当深味之；"别之""贵之"，正以其为军命也。

施子美曰：世未尝无杰特之材，患不见知耳……爱而贵之，所以致其厚而以励众也。若是之人，谓之何哉？军之死生系焉。

"选而别之，爱而贵之"，有了伯乐，千里马才能发挥作用；否则，"虽有名马，祇辱于奴隶人之手，骈死于槽枥之间，不以千里称也。"

"其有工用五兵，材力健疾，志在吞敌者，必加其爵列，可以决胜；厚其父母妻子，劝赏畏罚，此坚陈（阵）之士，可与持久。能审料此，可以击倍。"

武侯曰："善。"

【批】言其次者，技勇优长，轻身犯难，又必有以荣其身，厚其家，以奖励之。

【注】工，犹言善也。五兵：弓矢、殳、矛、戈、戟也。又曰：戈、盾、戟、夷矛、酋矛为五兵。击倍者，言以我之一，击敌

之十也。

【解】定解：工用五兵，材力健疾之人，视虎贲之士，虽次一等，然亦非寻常者流，故必于格外优崇之，而后矢心以相副也。

徐象卿曰：荣及其身，施及其家，斯足以收揽其心，上下结成一片；虽蹈危亡之地，阵势益坚，如"撼山易，撼岳军难"也。

"工"于山水画，工者，善也。"工用五兵"，十八般武器件件皆通。

"厚其父母妻子"，做领袖得"体群臣"（《中庸》），不懂为别人着想，坏！

"劝赏畏罚"，故赏罚必得分明。

《淮南子·兵略训》云："所谓人事者，庆赏信而刑罚必。"什么样的人，得有什么样的待遇。

吴子曰："凡料（逆度）敌，有不卜而与之战者八：

【批】言因敌乘机，而有八事。

【注】料，逆度也。邓伯莹曰：如敌人败形曾已显露，故有不战则已，战则势如破竹，未有不胜者，又何待卜为哉？

【解】重"不卜"二字，与下"勿疑"二字照应。

施子美曰：用兵之道，料敌为先。

"卜"，是在决兵之疑，而非将之疑，是"愚兵之术"。卜完吉，则一鼓作气。

"智者不惑"（《论语·子罕》），不卜而已矣，"不恒其德，或承之羞"（《论语·子路》）。

"一曰：疾风大寒，早兴寐迁，剖冰济水，不惮艰难。

【批】料敌之困于寒者。

【注】兴，起也。迁，移也。惮，畏怯也。

此"困于寒"，而可乘者也。

抗战胜利了，国民党于八月后到东北接收，用上最好的美军装备，但最后接收人员的手脚都冻僵了，还能够作战？此从事地下工作者失职，最低也应告诉他们东北很冷。真是无病不死人！

应到哈尔滨看冰雕，至少感觉什么是"冷"。

"二曰：盛夏炎热，晏兴无间，行驱饥渴，务于取远。

【批】料敌之困于暑者。

【注】间，隙也，少息暇也。远，远程也。

"晏兴无间"，白天炎热，晚上犹兴兵，根本没有休息时间。

此"困于暑"，而可乘者也。

"三曰：师既淹久（久滞不归），粮食无有；百姓怨怒，妖祥（吉凶之兆）数（屡）起，上不能止。

【批】料敌之师久民怨者。

【注】妖，妖孽也；祥，灾异也。《汉志》云：妖孽自外来者，谓之祥。

此粮乏人怨，而可乘者也。

吉凶之兆，事未发生，先有"兆"。异于常者，皆为"妖孽"，如人妖。

旧社会一发现有异于常者，百姓以为是"天示警"，当政者必下"罪己诏"，先谴责自己。

"四曰：军资既竭，薪（柴火）刍（饲马料）既寡，天多阴雨，欲掠无所。

【批】料敌之士马饥窘者。

【注】军资，如粮、饷、衣装、器用之类。竭，尽也。薪，以炊爨。刍，以饲马。寡，少也。掠，抄取也。

此粮刍竭尽，而可乘者也。

"五曰：徒众不多，水地不利，人马疾疫﹙传染病﹚，四邻不至。

【批】料敌之势弱无援者。

人马皆得传染病，但四方救援久不至。
此孤旅无援，而可乘者也。

"六曰：道远日暮，士众劳惧，倦而未食，解甲而息。

【批】料敌之士卒劳顿者。
【注】倦，疲困也。息，休止也。

此师旅劳顿，可乘也。

"七曰：将薄吏轻，士卒不固，三军数惊，师徒无助。

【批】料敌之将吏不堪者。
【注】薄，谓凉于德。轻，谓短于才。惊，犹动也。助者，
因弱而扶之之谓。

"将薄吏轻"，将刻薄寡恩，吏则轻佻，军心不定。

"三军数惊，师徒无助"，众备受惊扰，又无有助援。

此众心离乱，而可乘者也。

"八曰：陈（行阵）而未定，舍（次舍）而未毕，行阪（山阪）涉险，半隐半出。

【批】料敌之仓皇无措者。

【注】阵未定，众易乱也。舍未毕，力不足也。

此未及设备，而可乘者也。

"诸如此者，击之勿疑。"

【批】言料敌苟有可乘，则疾击之，不可逡巡以失机宜。

【注】诸，犹凡也，总上八事而言。勿疑者，盖欲速决也。苟遇敌兵有一于此，则宜速击之，无失其机也。

吴起针对六国不同国情，提出不同的作战方针及战法，因敌而战，故能常胜。

做事，必先往坏处想，想成功是必然，要考虑失败能胜住了，再去做，无如此魄力则别做。想得天花乱坠，结果一撒手就……不能成事。

"有不占而避之者六：一曰：土地广大，人民富众。二曰：上爱其下，惠施流布。三曰：赏信刑察，发必得时。四曰：陈功居列，任贤使能。五曰：师徒之众，兵甲之精。六曰：四邻之助，大国之援。

【批】言料敌有此六征，宜速避之，无俟于占，而生幸念。

【注】地大，则财赡。民众，则力强。惠，恩泽也。流布者，谓博施恩惠于其民，如水之流行地中，无不溥遍也。得时者，谓不先时而行，不后时而举，适合其宜也。兵，指器仗言。甲，指皮革言。扶弱，曰助；救危，曰援。

"凡此不如敌人，避之勿疑。

【注】凡此二句，总上六事而言。"避之"者，亦顿其兵之意。

【解】焦六霭曰：《易·乾卦》上九曰"知进而不知退，知存而不知亡，知得而不知丧，是以动而有悔也"，故趋吉避凶，乃玩占之大旨。

施子美曰：敌有可击者，亦有不可击者。可击而不击，则为失利；不可击而击之，则为妄进。法曰"合于利而动，不合于利而止"，不合于利而止者，此不占而避之者也；不占而避之者，是亦自知其未可以胜，故不必占之于神也。

"所谓'见可而进，知难而退'也。"

【批】引古语，以结上文"不卜与战""不占避之"之意。

【注】见可者，见有可乘之机；知难者，知有难攻之势。

方伯闇曰：究其实，不过示人以进退之宜耳，故避实击虚，诚有得乎《孙子》之妙者。

【解】周鲁观曰："见知"二字，最宜着眼，行兵贵慎，岂可轻进？盖诚见其可也。兵任綦重，岂可甘退？盖诚知其难也。

我走遍天下，骂国民党一辈子，偷偷录音又怎样？我讲书，是反串，干一辈子"流氓"！要录，就从头到尾骂国民党一遍。

大盗盗国，小盗无所不盗！没有著作等身，就强盗等身！不知道学智慧，放我的录音又如何？净说真的。

今天生在台湾的已经够悲哀了，还不懂善用头脑！如何脱困为第一要义。只有两条路：不是殉葬，就是自救。

做事，必找可乘之机。不要太幼稚，不知己之所当为。应想自己应想什么、做什么。我时常对同学说，不要再背感情包袱，替人殉葬，你们来日方长。我是将死之人，其言也善。

时，过去就是过去，留恋没有用！我对谁都说真话，台湾不能搞"独立"！人说真话不容易。骂国民党，国民党不高兴。我什么滋味都尝过。"台独"是不可能的事。

武侯问曰："吾欲观敌之外，以知其内；察其进，以知其止，以定胜负。可得闻（知）乎？"

【批】此言明于观察，而胜负之理，可以前知。

【注】观，谓观其所易忽也。外，指行阵言；内，指才略言。察，谓察其所未备也。进，指疏密言；止，指虚实言。

【解】新宗：有诸内者，必形诸外，凡事皆然，何况于兵乎？故欲知敌虚实，不必于其内也，察其在外之形，而在内之情，莫不昭然目前矣。

施子美曰：敌人之情伪，有可得而知者，有不可得而知者。可得而知者，外也；不可得而知者，内也，止也。吾欲由内以知外，由进以知止，不亦难乎？既知乎此，则胜负可以坐决矣。

起对曰："敌人之来，荡荡无虑，旌旗烦乱，人马数顾，一可击十，必使无措。

【批】言观敌之外，即可因是而知其内也。

【注】荡荡，轻忽之貌，散漫而无所顾虑也。烦乱者，将令不一也；数顾者，将心无主也。无措，失备也。此观外知内之法。

【解】《句解》：荡荡，懒散之形，其神气之馁溺可知矣。外既如此，其内之无谋又可知矣。

施子美曰："量敌而后进，虑胜而后会"，此兵法之常也。

"诸侯未会，君臣未和，沟垒未成，禁令未施；三军汹汹（恐惧貌），欲前不能，欲去不敢，以半击倍，百战不殆。"

【批】察敌之进，即可因是而知其止也。

【注】会，合集也。和，协力也。汹汹，恐惧之貌，谓士众惊语，如水涌之有声也。不能、不敢，皆犹豫不决之意。殆，

危也。此察知止之法。

叶伯升曰：观外知其内，察进知其止，则胜负之理，自我全操，有不待接办、交兵，而可豫决者矣。

我讲书，我母亲一定感到讶异！人必为自己而活，不必做小走狗。我骂人，不是今天开始。到"政大"教书，看到"果夫楼"，就骂两个钟头，没有讲书！

一个人不要太卑鄙，人都有志，要为自己活，以道殉身，"未闻以道殉人"。

《孟子·梁惠王上》："天下有道，以道殉身。天下无道，以身殉道。未闻以道殉乎人者也。"

希圣希贤，道就是你，你就是道。

一个年轻人必为自己活，此非自私，因为"士尚志"，"造次必于是，颠沛必于是"（《论语·里仁》），"素富贵行乎富贵……素患难行乎患难"（《中庸》），不论处在任何环境，都不叫环境改变己之志。

孔子第一次接触周文化，称："周监于二代，郁郁乎文哉，吾从周！"（《论语·八佾》）人刚开始难免盲从，但有头脑者会变，所以后来说："久矣！不复梦见周公。"（《论语·述而》）到最后成熟了，说："吾其（岂）为东周乎？"（《论语·阳货》）已有另起炉灶之心，以《春秋》当新王。自《论语》看孔子的思想，即有三次变迁。以此为鉴，亦可修正修正自己。

《易·随卦》"随时之义大矣哉"，《论语·学而》"学而时习之"，你们亦应"随时而变"，这才叫"时髦"。

人都具有无限的潜力，到被逼时就会显现出来。应善用智慧，冷静地好好研究，届时水到渠成，可以应无穷。

年轻时太注意集团的利益，但此一集团将来能够存在？青年如无"血"与"热"，那老年还会有吗？但仍要有"智慧"，光"刚"不行！

武侯问敌必可击之道。

起对曰："用兵，必须审敌虚实，而趋其危。

【批】击敌之道，在审知其情形而乘之。

【注】邓伯莹曰：击之者，出其不意，攻其无备也。危，即敌之虚实。

施子美曰：兵形避实而击虚，惟乘其虚，故可击。是以，吴起对武侯之问，谓必审敌之虚实，而趋其危。

"审敌虚实"，"审"，虑深通敏，详敌虚实之所在。

"趋其危"，专向其不妥当处进攻，打蛇要打在三寸。

"敌人远来新至，行列未定，可击；既食，未设备，可击；奔走，可击；勤劳，可击；未得地利，可击；失时不从，可击；涉长道，后行未息，可击；涉水半渡，可击；险道狭路，可击；旌旗乱动，可击；陈（阵）数移动，可击；将离士卒，可击；心怖，可击。凡若此者，选（择）锐冲之，分兵继之，急击（及时出击）勿疑（决绝之辞）。"

【批】历举敌人之危，见必可击者，非一端也。

【解】胡君常曰：十三等可击，皆敌之危也。敌有可击之危，而不乘机选锐，因势分兵，以急击之，更待何时？

王若汉曰："可"字，正审之真切处；"急"字，宜重看。盖敌人此隙，乃不可多得之候，稍迟，则敌自有备，错过事机，恐难取胜。

"急击"字，与"趋危"字相应。

施子美曰：杜佑《通典》亦有所谓敌有十五形可击……凡此十五形，求其旨意，亦必自《吴子》始也。

"见可而进，知难而退"，做任何事，皆必如此。"可"，可欲之谓善，当其可之欲。

你们智慧不低，但缺乏群德，其次考虑自己的利害太多。

我自小即我行我素，因为索隐行怪惯了，一人在台，过了四十多年，免得死了，人家哭哭啼啼的，要人家去守寡。我岳父，就是我舅父。

我小时候读的第一本小说《甘地》。你们应立志，看自己要做些什么。

我刚来台，先到台东办山地学校，杨传广（1933—2007，号"亚洲铁人"）是我的第一期学生，那时以旧兵营当学校。当年，我走遍山地，由他们背着跑，给他们抽烟、喝酒。

你们"外"没能察，"内"也没能知。党中有派，派中有系，能同心协力？

你们必得求未来。今天的奋斗，是为了明天！遇事不经大脑，净说"你和谁有关系"，不如说"你与大脑有关系"。"时"很重要，是随时，《易经·随卦》："随时之义大矣哉！"非随人！我一生不和谁有关系，就活至今！说和谁有关系，多落伍的想法！

别人怎么说，只可当个参考，别作主观认定。昔人听闻别人有怪论，就备四色礼去听听。

我讲子书，在教你们怎么做"坏人"！社会事不干则已，要干就要干到底。

想做事业，必先养胆，绝不受气。有胆、有量、有识，搞政治，三缺一不可。胆小不得将军做，要有容人之量，水清无大鱼。人没有无错误的，"以人治人，改则止"，用人则当用其长，避其短。

如何用人？如开豆浆店，雇个伙计，他喜吃烧饼，就叫他尽量吃；一周下来，他一定受不了。千万别告诉他：不可随便吃。那他背地里一定糟蹋不少。

做事业，是找同志，不是拉夫。要识人、任人、识时。

治兵第三

此篇所言，皆治兵之道，而"教民即戎"，其大旨也。

《论语》"以不教民战，是谓弃之""不教而杀谓之虐"，弃民也。

使兵不治，即如失驭之马，泛驾莫羁，而不可用，故曰"以治为胜"。篇中教"戒"教"战"，皆治兵之事，而"居有礼"，"动有威"，则治兵之效也。

"以治为胜"，胜己而后胜人，"先为不可胜"。

武侯问曰："进兵之道，何先？"

起对曰："先明四轻、二重、一信。"

【批】兵道所先，在明轻重之衡，而尤根之于信。

施子美曰：天下之事，必有所谓先务者，况于用兵乎……四轻者，必兵之所资以为用者也。二重一信者，此兵之所资以为权者也。

曰："何谓也？"
对曰："使地轻马，马轻车，车轻人，人轻战。

【注】轻之，为言便也，不为所苦之意也。

【解】如马非轻不能行，故必使地有轻马；车非轻不能驰，故必使马有轻车；车以人为轻则不敝，故必使车尝轻人；人以战为轻则乐赴，故必使人尝轻战。此四轻。

"人轻战"，美国打伊朗，本身力量强于敌人。

"明知险易，则地轻马；刍秣以时，则马轻车；膏锏有余，则车轻人；锋锐甲坚，则人轻战（有所恃而不畏战）。

【注】以草食马，曰刍。以谷食马，曰秣。膏，以润轴者；锏，以饰轴者。锐，兵刃利也；坚，铠甲厚也。

【解】地之险峻，马所难行者也；若险易之形，晓然明白，则骑兵可以冲突，而地有轻马矣。马何以有轻车乎？草之与谷，所以养马者也；若喂饲之方，不失其时，则车兵可以驰驱，而马有轻车矣。车又何以人为轻乎？膏用以涂，铜用以固，皆足用有余，而不缺乏，故载人而轻也。人又何以战为轻也？锋刃锐利，铠甲坚固，则人有所恃而不畏怯，故赴战而轻也。

施子美曰：四轻者，必兵之所资以为用者也。

我逃难时，净走山沟，饿肚子。在那连"鸟蛋"都没的日子，吃菜虫吃剩的菜叶，却是生平感到最美味的一餐。

"进有重赏（额外之赏），退有重刑（超规定之罚），行之以信。审能达此，胜之主也。"

【注】审，犹诚也。达，通也。

【解】前进者，有重赏以劝之；后退者，有重刑以威之：二者行之，又皆以信焉。为之将者，诚能通此轻重以信之理，乃为制胜之主宰也。先务之道，孰有踰于此哉？

焦六霶曰：苟不以信，虽有四轻，孰为我战？虽有二重，孰为不疑？

施子美曰：进有重赏，所以示之劝也；退有重刑，所以示之惩也。行之以信：二者之用，非"诚"不可也，故行之必以"信"。用既得其便，权既参其诚，何往而不克？此能审乎此者，所以为"胜之主"也。

士官长，乃军中之灵魂，闻枪响能不跑，特别宝贵在此。

武侯问曰："兵何以为胜？"
起对曰："以治为胜。"

【批】言有制之兵，自足以胜人。
【注】治，整肃也。所谓有严有翼者是。
【解】王汉若曰："以"字，最为吃紧，言欲求胜者，务于此处著意也。

施子美曰：盖所以理军者，既尽其法，则所以制胜者，必尽其道。

你们年轻，应有自营之道，经之、营之！别天天坐着打瞌睡，净等别人做好。

又问曰："不在众乎？"
起对曰："若法令不明，赏罚不信，金之不止，鼓之不进，虽有百万，何益于用？

【批】言不治之弊。

【注】明，修举也；信，诚一也。"法令、赏罚"二句，在平日言。金，以止兵；鼓，以进兵。曰"不止、不进"者，以将"不明、不信"之故。用，谓取胜也。

施子美曰：众而不治适以召乱，不若寡而治者之为有功也。

贵精不贵多！
你们看事，看不出要点。必要善用智慧。

"所谓治者，居则有礼，动则有威；进不可当，退不可追。

【批】言兵之治者，心一力齐，随在皆胜，而有莫当之概。

【注】居，平常也；动，临战也。有礼，谓知尊君亲上之道；有威，谓谙攻围击刺之法。进不可当，其进猛锐也；退不可追，其退迅速也。

【解】王汉若曰：居有礼，斯动有威也。动威由居礼来，然居礼又在于将能以礼倡率之。

胡稼轩曰：威，盖从礼而生者。

施子美曰：居则有礼，此节制之兵也；动则有威，非敌而何？惟其居有礼，故能动有威……有礼必有威也，明矣！其进也则不可当，以其进之勇也；其退也则不可追，其退之速也。

"前却有节，左右应麾；虽绝成陈（阵），虽散成行。

【注】却，后退也。绝，断也；散，乱也。

施子美曰：一前一却，莫不有节；或左或右，莫不应麾。故虽绝而不绝，又且成阵；虽散而不散，又且成行。

"与之安，与之危，其众可合，而不可离；可用，而不可疲。投之所往，天下莫当，名曰父子之兵。"

【注】可合，言其心之一；可用，言其力之齐。"名曰"，犹言谓之。

赵克荣曰："名曰父子之兵"一句，总结上文之意。形既联属，情复浃洽，虽一体之爱，无以加之，故曰"父子之兵"也。

施子美曰：谓之"父子"者，以其恩之固结，出于天性之自然也。惟其恩足以结之，故其情有必亲也。言兵者，得不推不恩而究其情乎？法有所谓"视卒如婴儿""视卒如爱子"，知婴儿、爱子之说，则知"父子之兵"所由命矣。

"打虎亲兄弟，上阵父子兵。"

你们遇事瞻前顾后，连自保的能力都没有，能够战胜敌人？解严了，人家是要自功：民主、自由。

开国有"能君"，必有"能女人"。不分男女，培智最重要，学而知之。训练自己，成为铜墙铁壁。

谁没有野心？谁没有领袖欲？但也应到什么时候做什么事。不要天天自我陶醉。自以为"了不起"，实是"起不了"！

吴子曰："凡行军之道，无犯进止之节，无失饮食之适，无绝人马之力。此三者，所以任其上令；任其上令，则治之所由生也。

【批】因上章治胜之说，而明其致之之由。

【注】犯，犹乱也。失，过也。绝，竭也。任，以听从言。

彭氏曰：治之之事，不过进止、饮食、人马之事而已。乃知三者既能任其上令，则无犯、无失、无绝之中，律度存焉，恩泽流焉，情志通焉，意气感焉，所谓"父子之兵"，可由是而成矣。

【解】人骁勇，马强壮，此行军所需者也。在使人知养力，而勿令之焉。

施子美曰：进止无犯其节，则军无失次之患；饮食各适其适，则军无饥渴之患；人马不绝其力，则军无疲困之患。三者既得其宜，则人惟之从矣！

"进止之节"，鸣金即止，击鼓即进。
"无失饮食之适，无绝人马之力"，养精，才能蓄锐。
不论外边怎么乱，自己必得宁静，不能把日常生活有所改变。

"若进止不度，饮食不适，马疲人倦，而不解舍，所以不任（听从）其上令；上令既废，以居则乱，以战则败。"

【批】言不能致治之害。
【注】此反言以明之。解舍，谓解甲舍止，以休息之，所以养其力也。

焦六霭曰：吴子诚善用兵者也。上章言兵以治为胜，宜乎继之以严法矣。乃必加谨于无犯、无失、无绝三者，如此三军之士，未有不感激而泣下者。故曰"治所由生"也。

"任其上令"，无论到什么环境，永远得听一人之令，不能乱发令。

无论什么团体，想叫其听上级命令，上级必得尽责任，小至家庭亦然。父母本身如不尽责，那孩子也不会听话。修身齐家，《大学》"身修而后家齐，家齐而后国治"。

"与四时合其序"（《易经·乾卦·文言》），长幼有序。一个团体何以会乱？就是上下无序。序，行、住、坐、卧，皆有一定之安排。

吴子曰："凡兵战之场，止尸之地，必死则生，幸生则死。

【批】言临阵之际，将吏士卒皆不可以幸生为念也。

【注】止尸之地，犹言必死之地也。

焦六霭曰：吴子斯言，大开人心锁钥，不第大将三军之帅，当存此心；即偏裨士卒，亦当存此心也。

【解】兵，危事也；战，死地也。大凡两兵交战之场，即为将士止尸之地。苟持必死之志，以力争之，或可以得生；若存幸生之心，不肯力战，则必至于死也。

《孙子兵法》称："兵者，国之大事，死生之地，存亡之道。"《吴子》曰："凡兵战之场，止尸之地，必死则生，幸生则死。"

做事持必死之心，绝对有希望。

就是抓来一条狗，也必要留一面，否则狗急跳墙。战争，千万别造成敌人作"困兽之斗"，如此，其反而必"转危为安"。

"其善将者：如坐漏船之中，伏烧屋之下，以（因）智者不及谋，勇者不及怒，受敌可也。

【批】言为将当持必死之志，使敌之智勇皆不能敌，而后可以持胜万全。

【注】漏船之中，即《孙子》同舟遇风之喻；烧屋之下，即《孙子》去梯之喻。皆极言危急之甚也。

施子美曰：用众而若此，以之受敌，何有不可？彼于斯时，惟知受敌，而不知有他，故能以万死而易一生。

同舟共济，同"坐漏船之中，伏烧屋之下"，在此一环境中，还分敌我？

一个人就是错到底，也都是对的。"智者不及谋，勇者不及怒"，许多事不允许你用谋、用怒，必须硬着头皮闯到底。

明知死，去面对死亡，其心里的痛苦有谁知？

"故曰：用兵之害，犹豫最大。三军之灾，生于狐疑。"

【批】引成语，以证克敌之贵乎致果也。

【注】此四句，盖成语也。吴子欲人临阵之际，致果克敌，故以证之。

犹，兽名，其性多疑，闻有声，豫登木，久之无人，然后下焉；须臾复上，如此非一。狐，亦兽名，性亦多疑，河冰始合，帖耳数听，无水声而后过之，有水声即不过也。故曰犹豫、狐疑。

汪升之曰：疑志不可以应敌，若踟蹰不决，展转胸中，不惟胜之分数少，且败之分数多矣。

施子美曰：此言用兵之道，不可无断，亦不可有惑也。

"决定不疑，戒急用忍"。

"犹豫、狐疑"，遇事犹豫，决事狐疑，要决定的事却狐疑不定，不敢作决定又想做，既犹豫又狐疑，当断不断，反受其乱，所以不能成功。如不犹豫、狐疑，那就成了！

胆小不得将军做。人之所以失败，往往在此。

吴子曰："夫人常死其所不能，败其所不便。

【批】言不教之兵，每至败亡。

【注】不能，谓无长技也；不便，谓未娴习也。孔子曰："以不教民战，是谓弃之。"

施子美曰：不教民战，谓之殃民……自治可以待敌，习变而后可以应卒。

人常"死其所不能"，全无技能，难以谋生；"败其所不便"，练习未便，如何做事？

学艺不精，招数不足，因此败了！人要是全能，就能躲开死。如什么招都普遍学过，那任何招法来，都能躲开。

对方一出招，就视你有无接招的智慧与能力。对方一出招，你能及时应敌，那就高他一招。学《孙子》《吴子》，在学如何出招，应好好用心思，"思之思之，鬼神通之"。

每天报上的事，可自《孙子》《吴子》好好想。要以时事印证所学，如有朝之日上阵，可能就用上了。

未来，你们是否是张白纸，就取决于你们自己。必要善用智慧。

"故用兵之法，教戒为先。

吴起练兵，以治为胜，教戒为先，故能训练出治理良好、训练有素的精兵，故能无往而不胜。

【注】教之所以练其才能也，戒之所以防其怠玩也。二者并行，互济而戒，即寓于教之中。

【解】邓伯莹曰：重"用兵"二字。教者，教之使可用也；戒者，又所以使其率教而可用也。

施子美曰：有以教之，则人知所习；有以戒之，则人谨所习。

"用兵之法，教戒为先"，先之以教戒。

"一人学战，教成十人；十人学战，教成百人；百人学战，教成千人；千人学战，教成万人；万人学战，教成三军。

【批】言循序教戒之法。

【注】万二千五百人为军。言三军者，万人然；万人然，而三万人亦然也。

【解】焦六霭曰：有一耳目之教，即有一耳目之戒……此是两相济美底事，又是治兵先入门处。

施子美曰：自一人学战，教成十人，累至于教成三军。

吴子善练兵，其教战之法，由寡至众，由少成多，教成三军。

学《吴子》，三三两两成军，自三二知己开始。再不好动的人，也有三二知己。要找同志，绝不可以在马路上挖角。以三二人的朋友，再由此推衍下去，则可以发展成百人情投意合的团体，此完全系之以"情"。

我招法教了不少，但你们就缺"行"的功夫。《吴子》完全是活学问。不是不知，而是行特别难，认真太难！

"以近待远，以佚待劳，以饱待饥。

【批】教以养力之法。

【解】教戒既成，又不可无养力之法焉。

施子美曰：此自治而后可以待敌也，自致以待敌，则敌必为我致矣！

以"真"待"假"，以"正格"的待"虚伪"的。

不好好学，再过几年，你们就是号啕大哭，都来不及了！像我这种"好人"，天下太少！

对方"无而为有"，你就"有而待无"。如"骄而为泰"，假的就以真的对付。本身是虚的，以虚结天下之诚，能办得到？此非文章问题，贵乎玩味体得。

"圆而〔能〕方之，坐而起之，行而止之，左而右之，前而后之，分而合之，结而解之。

【批】教以行伍之法。

【注】结，犹合也；解，犹分也。

兵贵分而能合，合而能分。《孙子》曰："以分合为变。"太公曰："分不分，为縻军；聚不聚，为孤旅。"故吴子特于分合之法，反复言之。

施子美曰："圆而方之"者，既教以方，又教以圆；既教以圆，又教之以方，欲其明于动静之理也。或左或右，或前或后，欲其运用之阶得也；或分或合，或结或解，欲其聚散之适宜也。

"圆能方之"，"方则止，圆则行"（《孙子兵法·兵势》），圆的难令其止，必使其方之，到那时，他要"滚"都办不到了。滚，是对方的本能；方之，是我们的技术。牛车上坡，以棍子引之使上。《孙子兵法·九地》"方马埋轮"，使智者不能用谋，方之也。

"分而合之"，分而能合，合而能分。此行伍之法，贵乎能灵活运用。

书非读多，而是要精读，"惟精惟一"。我一辈子就一本书，琢磨到底，随时应变。

天下的事都是琢磨不定的事，要出高招，绝无预备完整叫你去做的事。出难题叫你做，你如能应变，就能立于不败了！

"每变皆习，乃授其兵，是谓将事。"

【批】言熟习其法以受敌，斯将不劳而兵自治。

【注】每变，指上"圆方"七句而言。习，久练也。兵，谓所持之器仗。语云："巧者，不过习者之门。"言技勇纪律，必习熟之，始称能手；不然，则必死必败之数矣。

臧云卿曰：人各一技，技各一能，分门而教，按队以习；择任之精有专督，校阅之外无琐屑，是之谓"上等之师"也。

施子美曰：每变皆习，是能习变，而后可以应率也。

对方"出招"，我们不怕，就怕我们自己不能"应招"。每"变"皆"习招"，不怕你变，我都可以应你的变。"穷则变，变则通，通则久"，生生不息。

不怕敌人出招，就怕我们自己没有招。必战胜他，还让他心服口服。应以此常自我练习。

必要练招，才能拿兵器。无招，给武器有什么用？"每变皆习"，还要每个招的"变"都"习"了。懂得用兵器了，才能授其兵器，此为将军应负的责任。

何以失败？败于不变也，就以不变应万变，真是"至死不变，强哉矫！"

吴子曰："教战之令：**短者持矛戟**（以长器补身短），**长者持弓弩**（可以射远），**强者持旌旗**（掌旗指挥），**勇者持金鼓**（用以进止），**弱者给厮养**（厮养之役），**智者为谋主**。

【批】言教战首重器使之方，故其军众，无废弃之人。

【注】令，犹法也。持，执也。短长，以身材言；强弱，以气力言。果敢之谓勇，多才之谓智。矛有二：夷矛，酋矛也；戟，有枝之兵。厮，刈草以饲马者；养，炊爨以造食者。谋主，运筹之人，即军师也。

方伯阇曰：天之生人，每有短长、强弱、智勇之不齐；惟为将者，量材而使之，则无所废弃，而军中皆可用之人也。

【解】尤尺威曰：智者见理分明，长于画策，故以为计谋之主。"主"字，有不可枉挠之意。

秦少游曰：兵之所以胜人者，非特将良而卒劲也；必有精深颖悟之士，料敌应变，出奇无穷。三军之众，无不恃之以制胜焉，故曰"谋主"。

施子美曰：在人有不同之才，在我有因用之法……因而用之，未有不适其用者，况于用兵之际，可不因而用之乎？

在团体里，应"知人"才能"善任"，如能因材器使，则无一废人。

任何人皆有其长，应用其长，不用其短，则天下无一废人！

"乡里相比，什伍相保。

【批】阵间救护之法。

【注】万二千五百家为乡，二十五家为里。比者，亲厚之意。十人为什，五夫为伍。保，犹救也。

施子美曰：联民之法也……出入相友，守望相助。

"相比相保，守望相助"，此养群德之入手处。

"一鼓整兵（整兵器），二鼓习陈（习阵法），三鼓趋食（催促饮食），四鼓严办（严整装束），五鼓就行（使就行列）。闻鼓声合（齐合），然后举旗（列阵）。"

【批】击鼓集兵之法。

【注】徐象卿曰：教士之时，非可以言传；将军之令，惟在于旗鼓。初整兵，次习阵，迄至举旗，莫不井然有条者，此何故哉？由其习惯已久，斯其耳听目视若自然耳。

谈氏曰：教战之法，各有次第，惟此为最详。因材而用，则军无弃人，此其始也。相比相保，则人皆亲睦，此其次也。

分别鼓声，则以渐而进，此其终也。

怎么应付环境？必用客观的东西，以补不足。

"闻鼓声合，然后举旗"，旧时作战，旌旗很重要，以此作指挥。

武侯问曰："三军进止，岂有道乎？"

起对曰："无当天灶，无当龙头。天灶者，大谷之口；龙头者，大山之端（巅）。

【批】此言审地形，以为趋避之准。

【注】次师于谷，有浸没之患；屯兵于山，无水草之便。太公曰：处山之高，为敌所栖；处山之下，为敌所困，即"天灶龙头"之谓也。二者皆曰"无当"者，欲人识其趋避之宜也。

【解】三军进止之道，莫先于审知地形之利。

"必左青龙，右白虎，前朱雀，后玄武。招摇在上，从事于下。

【批】言设五方之旗，以占其风。

【注】青龙，即交龙为旗者是。白虎，即熊虎为旗者是。朱雀，即鸟隼为旐者是。玄武，即龟蛇为旐者是。招摇，星名，

中军北斗星旗也。从事于下，谓皆视五方之旗之所指，以决进止之机也。

北斗七星：一枢，二旋，三机，四权，五衡，六开阳，要摇光。摇光，即招摇也。

"青龙、白虎、朱雀、玄武"，四象，分别代表东、西、南、北四个方位。

《淮南子·兵略训》云："所谓天数者，左青龙，右白虎，前朱雀，后玄武。所谓地利者，后生而前死，左牡而右牝。"

"招摇在上，从事于下"，当位，当德，当能，毕其全功。

"将战之时，审候风所从来。风顺，致呼（大声）而从之；风逆，坚陈（阵）以待之。"

【批】言觇风势，以决进止之机。

【注】呼，大声也。致呼，以振士卒之气。

彭氏曰：风以助兵之势也。风顺，则旌旗可以前指，人马可以鼓行；风逆，则气力为所沮丧，心志为所疑惑。将战之时，所必审候也。

施子美曰：行军之道，必欲违害而就利。

现在净讲要点，如能善用脑，皆用得上，于你们有所助益。

如何和一帮志同道合者在一起？教其用《吴子》的方法。

昨天发脾气，乃对那种人感到悲哀，何以破坏一团体的规矩？知识分子至此，真悲哀！不知自己责任之所在，也不知人的尊严。昨天骂了一段，感其比"少正卯"还不如！

天天讲，在提高你们的尊严，必要改变器质，才有人的尊严，何以要往下坠落？到一团体，如有特殊的行为，何以自存？并非高超！真是悲哀！应好自为之。

好好琢磨，可以随时用上。这块土，一天比一天紧。回去将《人物志》与《孙子》《吴子》好好琢磨！

你们就不留心，不然训练这么多年了，也应出几个高手。年年讲兵法，但就无出高招的，你们都比六祖有定力。从今以后，得少说闲，否则都不让我回家了。

都听《吴子》，但每人所得的启示不同，智者见智，仁者见仁。你们太不能面对问题，撼不动！

任何令，大家必得从；不从令，野蛮人，证明自己没有文化。到任何地方，不可说"我怎么样"。人家"请脱鞋"，你不脱，就是不识字、野蛮，层次不同的人说的。人的事，你都不能做，就枉为人了。

一军队的号令不行，那成什么军队？

"博我以文，约我以礼"（《论语·子罕》），任何环境皆有其

"礼"，不可以任意破坏。每天提醒你们，要好好用智慧。何不坐在一起，谈谈真正的问题？

反对以大吃小、以强欺弱。不管对方如何出招，必要有应招之术；但应招之术，非一日想出的，必由十个臭皮匠促成。十个臭皮匠，胜过一个诸葛亮。

在一个团体，必像个团体；是学生，必得像学生；是老师，必得是个师表。什么皆有一定的标准，必要达此一标准，否则即不及格。

接受别人支配，就是"德"。老妈子在家能做上二三十年，绝对是个老妈子，能"必"己之位也。哪个地方都不是养老院，你没"必"，请你走。"守位曰仁"，守位，即守德。"在其位，必谋其政"，"素其位而行，不务乎其外"，此即"必"也，否则即"各是其事"。

到哪儿必有所作为，绝不可以索隐行怪，走了之后，叫人指指点点。人生就是战场，也就是戏台，每个人皆有个角，都必要演好自己的角色。将书本当智慧吸收，到任何环境必要练习"容于众"，千万不要"索隐行怪"，必留下任何形象。

不了解环境，能够做事？必要仔细考察环境，"视其所以，观其所由，察其所安，人焉廋哉？人焉廋哉"（《论语·为政》）。

平常要有智慧，不能事事主观"无适也，无莫也，义之与比"（《论语·里仁》），看环境而应变，以环境为转移。许多人不懂得环境，到任何地方都想要改变环境。

　　武侯问曰："凡畜卒骑，岂有方乎？"

【注】士骑，谓士卒所乘之马。方，犹法也。

【解】畜马之方，尚问及之，何况士卒，有不加意爱护者乎？

　　起对曰："夫马，必安其处所，适其水草，节其饥饱。冬则温厩，夏则凉庑；刻剔毛鬣（liè），谨落四下。戢（调摄）其耳目，无令惊骇；习其驰逐，闲其进止。人马相亲，然后可使。

【批】概言畜马之事。

【注】厩，马舍也；庑，廊也，周匝可通风日者。刻剔之，令其疏通不滞。鬣，马领毛。谨落之，使其轻便易行。四下，四蹄也。使，犹用也。

【解】务使人之与马，皆相亲昵，而无泛驾之患，然后可用之以战也。

　　"夫马，必安其处所，适其水草，节其饥饱"，在家中必要发挥作用，任何东西都使之有个环境。有小孩了，必要用脑，吃什么都花钱，应按孩子之所需，"适其水，适其草"。我坚决反对小孩喝冷饮。连养马都必"适其水草"，更何况是小孩？"节饥节饱"，饿与多吃，皆不可。

马四蹄，每个月得整理一次。遮马之耳目，在使其听到刺激声音，不乱跳；看有色的东西，不眨眼。

"习其驰逐"，"驰"，放开跑；"逐"，前有目标，跟着跑。

会骑马者，两膝一动，马就知如何动止。好的马绝不借人骑，否则必出毛病。一定用一个马官。总骑的马，人脚一有动作，马即知进止驰逐。古时有钱人家，门口就供两匹马，有要事的皆可用。

"闲其进止"，"闲"，习也，控制其进止之节。"人马相亲"人与马相亲昵了，然后可以使之用以作战。

马官，旁边有一副手，亦了解马的习性，备用，马才不会临时出问题。马口垫东西，对马身体好，跑久牙不紧。

时代已进步太多了，现在就是身为总统，吃一餐饭也没以前县太爷的享受。昔县官以上皆进士出身，所有官皆享受太过，百姓当然苦，皆民脂民膏。但现在有些官，不如昔人！昔县太爷必进士出身，具有相当的文化素养。

"人马相亲，然后可使"，有兵就得有马，兵与马同一重要。以前，战马是重要国防军备之一。

"车（卒）骑之具：鞍、勒、衔、辔，必令完坚。

【批】概及御马之具。

【注】骑战之马，固贵时加调习，即御马之物，尤贵常施补缀也。

做任何一事，并非单靠本身，有时旁边辅佐的力量比本身还重要。

《易·比》"比，辅也"。有政，必有比，"建万国，亲诸侯"。

"凡马不伤于末，**必伤于始**；不伤于饥，**必伤于饱**。日暮道远，**必数上下**；宁劳于人，慎勿劳马。常令有余，备敌覆我。

【批】举马之饥、饱、劳、佚，而叮咛之。

【注】伤，损也。始、末，谓驰逐之初终。数上下者，所以节省其力也。"劳人"二句，极言马之当恤也。

汪殿武曰：马以备冲突，驾车乘，设奇伏，为用兵之首务，故畜之之方，有视士卒为尤难者，故吴子历历言之。

【解】慎勿劳于马，常令吾马力称有余，以备敌兵掩覆，用以御战。审若是，是爱吾马者，正所以爱吾卒也。

"能明此者，横行天下。"

【批】总结上文之意。见骑兵一项，建功最大，为行兵之所首重。

【注】明此，指上畜马之事，言能畜之尽善，则马力过人，自足以树威于天下，而无敢有越志也。

张氏曰：《周礼》以"司马"名官（夏官司马），而厩政亦列于庶府。《小雅》以"既同"（《诗经·小雅·车攻》"我车既攻，我马既同"）兴咏，而美乘遂以致中兴（周宣王中兴）。马之系于人国，岂浅鲜哉！

施子美曰：惟马力有余，然后可以备敌之覆我，能明乎此者，可以无敌矣！故能以横行天下。

做事皆倾巢而出；设若失败，即整个覆亡。绝不可以倾巢而出。

你们看报，看过也不动心。

曾文正说："做大事业，以造就接班人为第一要义。"因任何事皆非一人能成功的。若无接班人，事业即不易完成。

"比"，弼辅也。马官也有个徒弟，告知其马性；马官死后，此马仍可发挥作用。

冷眼旁观，没有帮手，有再大的抱负，也不得完成。想做事业，必得有帮手。

我在台四十多年，了解这环境的人不易成事。我家人并不打算我死在台湾。你们必要懂事，将来可能有所作为。

你们连肯牺牲一点都不能，焉能成事？社会事，就多少必有点牺牲。

以现在的环境，你们要好好培养智慧，将来好用智慧，才知看什么风，知怎么做事。不可以净"我要怎么做"，应是"我应怎么做"，才能放诸四海而皆准。自以为"我要怎么做"，连个小孩都控制不了。表现一百分，就是"我要怎么做"。事实上，真能治事的人是"我应怎么做"。

不要怕事，要学会应事。不怕别人出招，就怕自己不能还招。悟通了，可以不死不败。

"况"，充实之，要多读点书。可以读《战国策》，尤其男孩子，因社会上打头阵的都是男人。女人太厉害，不太好！

西太后、孝庄太后，电视演成"舞女"一个！其实，孝庄十三岁入宫，帮太宗夺位，顺治帝临朝、康熙帝即位……多尔衮斗不过她，真"滚"了！

论将第四

夏振翼：此篇前半先论己将，后半兼论敌将。

做任何事，如能知己知彼，就不会一意孤行。除虑及本身利益外，亦必虑及间接的影响。

虽可以逞一时之快，但错误可是祸延子孙。如逃到美国可以，但子孙就"终身夷狄"，成为"假外国人"。以前做过孽，人家会向你算账。

看书，如不能看出言外之意，白读书了！这块地方，是非不分，没有真的是非！

己将当择其才，敌将当知其不才。

人才，指政治之能，如周公之才。周朝按历史而言，是系于周公一人，孔子说"如有周公之才之美"（《论语·泰伯》），是指其政治的德能。"才难，不其然乎？"（《论语·泰伯》）指政治上有成就的太少了！选人，看其是否真能干，真有成绩，真有办法。才，指真材实料，此非挂在嘴上。

我回去待不下去。我憋了一天，就晚上两个钟头是运动。

自己的短处，绝不能叫人知，否则对方专投你之所好。你能，但在你"能"之外有所"嗜好"，即为短处。此一说法，在训练"上才"；但是无智的，用不上。知多少，没有用，端视能行多少。

赞美别人，真心发出的喜悦，可以有成，不嫉，《大学》"人之有技，若己有之；人之彦圣，其心好之"，彦，美也，"其心好之"，"实能容之"！

这一生没教出领袖人物，领袖人物不一定是领导人。想有作为，要好好修一修。太关心别人的好坏，正显出你的失德。己立而后立人，己达而后达人。

我太没有"口德"，才剩下自己一人！"才不才，亦各言其子也"（《论语·先进》），连孔子也难免有私心。

故于己将，首以"持慎"期之，次以"知机"责之，终以"立威"望之。

"持慎"，"持"，握，执；"慎"，真心。遇事小心谨慎。

几个字，就自以为天下第一人。孔夫子娶的也不是女圣人，劝弟子降低一点标准。现在"女圣人"没有，"光棍"倒是不少！所以我要修庙，将来是你们的养老院。

没有自知之明，估自己是最高的人，皆是愚者也。"愚者好自用，贱者好自专"，是感觉自己了不起的，皆最卑贱的人。愚者做事，绝不和人商量。天下没有三只眼睛的人，不必选有三眼的。

有人一乐，就不知其所为。自喝酒，可以看出一个人的酒德，孔德成（1920—2008）会喝酒，但喝多少不及乱，特别像他老祖孔子，喝完酒还可以处理事。

有修养的人，什么时候都不失德。无论到什么时候，绝不可以失德。孔子上台，第一个杀少正卯，因为他失了分寸，而成为牺牲品。

应慎重一点，不知其所为何来，不要意气用事，否则祸延子孙！好自为之，多用点头脑。识时务者为俊杰，牺牲也得有价值，没有"忠烈祠"给你进，不要执迷不悟。

"以持慎期之"，你们不一定在政治上争短长，但可用智慧在其他地方争短长。

"以知机责之"，责成，有期待意。"持慎"犹易，但"知机"可不易！"圣人不能生时，时至而不失之"，懂时来，即知机。必培养知机之智。

"以立威望之"，立威，威仪，"望之俨然"。

"持慎、知机、立威"，以此三个作为参考，看要怎么找对象、怎么结婚、怎么做事业。三个皆主动，非别人能帮上忙。好好造就自己，不必造就别人，就己立立人，己达达人。

于敌将，则占察以知之，轻锐以尝之，皆所以探其实，而用吾权也。

"占察以知之"，"占"，于不可知之数，求可知。占卜，太冒险，十之八九落空！"察"，察其所以。

"轻锐以尝之"，"锐"，锋锐。言辞锋锐，乃善于言辞。

"探其实，用吾权"，随时都可以试探一个人。培智，随机应变。忽来一个从未接触的人，必先试其"机警性"如何，将几张白纸置于地上试一试，看其如何处理。没有沉静功夫，焉能应变？看急智。"要有所用，必有所试；若有所试，必有所悟"。

担当大任者，必得多方试探；不能做，不要用。无能力，要他做，完全是虐待！如大材小用，在许多事必马虎过去。必要适才适能！

"知子莫若母"，我母亲交代：到工作场所时，一定要出声，让下面的人知道。

人皆有所短，要截长补短，即自修也。试探别人，绝不能叫对方知道。造就接班人，即造将。

今天的环境，非不足以有为，就视智慧与修养。但就以现在这些人胡扯，就没有办法，既不入流，也不知自己在搞些什么。

盖以将为三军司命，而国家所视以为安危者；故吴子于《图国》《料敌》《治兵》之后，而即论及于此。

吴子曰："夫总（当动词，总管）文武者，军之将也。兼刚柔者，兵之事也。

【批】言为将之道，贵乎谋勇兼备，而勿徒恃其勇。

【注】文，指附民御众之德言；武，指克敌制胜之略言。

【解】盖文而兼武，斯足以附众；武而兼文，斯足以威敌。必文武总摄，乃可为三军之将也。刚而能柔，则不暴而有节制；柔而能刚，则不废而有变通。惟刚柔兼济，斯足以任兵之事也。

施子美曰：文武者，材也。总文武而后可以为军之将，非才足以兼资而后可以统军乎？刚柔者，术也。兼刚柔而后可以尽兵之事，非术足以相济而后可以治军乎？

能截长补短，即"兼刚柔"。

刚者，用柔克；柔者，用刚克。《尚书·洪范》曰："沉潜刚克，高明柔克。"沉潜者，柔克之征，宜以刚治之；高明者，刚克之征，宜以柔治之。要知己，用人以辅己之短。刚柔要互补，以练成有用之才。

"兵之事"，刚柔并济，斯足以任兵之事。兵家必能办到刚柔并济。

"凡人论将，常观于勇；勇之于将，乃数分之一耳。夫勇者，必轻合；轻合而不知利，未可也。

【注】合，交战也。利，兼害言。未可者，言徒勇足以害事也。

智、仁、勇，为将必具德与智。智，韬略；仁，德也；勇，义也。

"暴虎冯河，死而无悔者，吾不与也"，不可逞血气之勇；"必也临事而惧，好谋而成者也"（《论语·述而》），必审慎将事，有好谋才能成事。

"故将之所慎者五：一曰理，二曰备，三曰果，四曰戒，五曰约。

【批】言总文武兼刚柔之将，能于事事而敬，持之以小心。

【注】慎者，敬谨之谓，如仲尼所称"临事而惧，好谋而成"是也。理，条理也；备，周防也；果，刚决也；戒，乾惕也；约，简要也。

【解】王圻曰：慎，只是不敢怠忽之意，就将心上说。

"慎"，真心。"戒慎恐惧"，"战战兢兢，如临深渊，如履薄冰"（《诗经·小雅·小旻》），凡事不敢掉以轻心。

"理者，治众如治寡；备者，出门如见敌；果者，临敌不怀生；戒者，虽克如始战；约者，法令省而不烦。

【批】言将之五慎。

【注】众，寡之积也；寡，众之分也。如见敌者，言不见敌以目，而见敌以心也。不怀生者，言慷慨捐躯，无有退缩也。如始战，言既克之后，犹方战之时也。省，简也；烦，苛也。

徐象卿曰：五者以心为主。治众，恐不理也。出门，恐不备也。临敌，恐不果也。既克，恐不戒也。行法、施令，恐不约也。

【解】陈明卿曰：戒于未战易，戒于既战难；戒于既战之时固难，而戒于既克之后，则尤难。此言虽克如始战，分明是始终不少怠者，如此方谓之戒。

彭氏曰：统率其下，不是烦琐，则人易明而易从。

"理者，治众如治寡"，好好整理整理。真会理事的，治怎么多的事，就如同治少般。做国家元首，下有副元首、秘书长、各部首脑，就管几个而已。因为要分层负责，不可以越俎代庖，什么都自己管。

"备者，出门如见敌"，见敌，偶一不慎，命都没了！见"大宾"，不同于见敌。

"出门如见大宾"（《论语·颜渊》），出门，绝不可以马虎，必要有万全的准备，尊重对方也尊重自己；如大而化之，人家对你有观感。

看你们一天生活之马虎，完全从心所欲。大清早，不可以穿着睡衣就往外跑；那种太太，先生看着会有"美感"可言？那样的家，能过？

现在电话方便，拜访人之前，必事先与人联络，否则必碰壁，人家有其工作，正忙着。到哪儿，必注意时间，不要影响人家的生活。此即"为人之道"。

有一长，即可为政；如无所长，光靠关系，能有贡献？自己必要有所专长，至少可用以维生。

"果者，临敌不怀生"，果决者能决断，"临敌不怀生"，必把敌人消灭了！一般人临敌必怀功。

我小时候，恨外国人在中国打仗，得借地生财，所以痛恨外国，要将其撵出中国。我这一代，取消不平等条约。昔中国境内租借地，精华区被列强瓜分。

你们的"世纪责任"是什么？指时代使命而言。21世纪是你们的时代使命，准备以什么完成？绝不亚于我这一代20世纪的使命。我一人在台受罪，为什么？时代的责任。有贡献与否不论，但为责任所在。要有充分的准备与知识。

"戒者，虽克如始战"，"克"，成功；"始战"，备战。戒之于既克之后，尤难！没怎么样，就自满、骄傲？

"约者，法令省而不烦"，"省"，简也；"烦"，苛也。刘邦入咸阳，约法三章，简明易从。

"洞中七日，世上几千年"，上帝有时也打瞌睡。我现在即使遭枪毙了，也不过早死三五年而已！

"受命而不辞家，破敌而后言返，将之礼也。故师出之日，有死之荣，无生之辱。"

【批】言为将者，公而忘私，国而忘家，斯足以倡率其众也。

【注】果于赴敌，公而忘私，皆将所当为者，如高崇文之卯命辰行、霍去病之无以家为，足以拟之。志在必死，故为荣；苟全其生，故为辱。

【解】死，人之所难；生，人之所欲。今反以死为荣、生为辱者，由将有以倡率之也。不然，何慷慨捐躯，如此？

施子美曰：志在奉公者，必不避难；志在克敌者，必不怀生。受命而不辞，此志在奉公也。一有命焉，即就道而往，吾何以避难为辞，敌破而后言返，此志在敌者也。敌未亡，则无还期。吾何以怀生而思返乎？为将之礼，其在是矣。

"受命而不辞家"，大禹治水，三过家门而不入，从公而忘家。

吴子曰："凡兵有四机：一曰气机，二曰地机，三曰事机，四曰力机。

【批】概举四机之目。

【注】机，弩牙也。言兵势之发，人莫能遏，如弩牙然也。

按四机之中，作气、据险、误敌、练勇、行兵之纲领，然地、事、力三者，必由气而振，故气机居其先焉。

施子美曰：兵必有其用，用各有其要，四机者，皆用兵之要也。

要知机。《大学》"其机如此"，"机"，几微之处，关键。知机，圣人不能生时，时至而不失之。

团体中如有闲言碎语，就没有希望，应快快离去，否则表面像个团体，实际上没有作用。

好好酝酿，别忽略了自己。能知机，就足以有为。

"三军之众，百万之师，张设轻重，在于一人，是谓气机。路狭道险，名山大塞，十夫所守，千夫不过，是谓地机。善行间谍（最会用间者），轻兵往来，分散其众；使其君臣相怨，上下相咎，是为事机。车坚管辖，舟利橹楫，士习战陈，马闲（习）驰逐，是谓力机。

【批】详言四机之用。

【注】一人，指大将言。路狭道险，如赵之井陉、魏之马陵之类。名山大塞，如蜀之剑阁、秦之潼关之类。间谍，细作之人。轻兵，剽疾之兵。管，以冒毂；辖，以键轮：皆车中之物，坚之以备陆战。橹，在后拨水者；楫，在傍拨水者：皆进舟之具，判之以备水战。士习马闲，盖熟练其步骑也。

【解】夫以三军之众，百万之师，张设其轻重之势，惟在于大将之一人，是谓之气机。

施子美曰：战在于治气。欲治其气，则必作之使锐，养之使闲。杂三军之众、百万之师，张设轻重，皆在于将，此之谓气机。

路径狭窄，道途险阻，与有名之山，最大之塞；苟以十人守之，彼虽千夫，亦不能过之，是谓之地机。

施子美曰：地形者，兵之助。惟得其地，则据其险隘要害之处，虽十夫所守，可使千夫不敢过，是之谓地机。

善行间谍以离之，轻兵往来以疑之；分散其众士之心，使其君若臣，相与怨气，上与下相为咎责，是谓之事机。

施子美曰：事莫密于间，则行间谍以离其情，用轻兵以分其势，使其君臣上下至于相怨咎，是之谓事机。

车则坚其管辖，备陆战也；舟则利其橹楫，备水战也。人习战阵，教练之有素；骑闲驰逐，控御之有方，是谓之力机。

施子美曰：车以管辖而致用，故必坚之，舟以橹楫而后济，故必利之，以士则必习于战阵，以马则必闲于马逐，是之谓力机。

吴子所谓机者，以其发不及待也，虽智勇之敌，究莫当其万一耳。

"知此四者，乃可为将。

【批】结上意，言知四机之用，始可以行兵。

【注】叶伯升曰："乃可"者，仅可而有所未尽之辞，见将之不易为也。

【解】邓伯莹曰："知"字不得浅略，有洞悉详审、区处得宜之意。不知不可以为将，有一不知亦不可以为将也。

"然其威、德、仁、勇，必足以率下安众，怖敌决疑。施令而下不敢犯，所在而寇不敢敌。得之国强，去之国亡。是谓良将。"

【批】言将既知此四德，又必具乎四德，而后足称良将。

【注】威，严厉也；德，恩信也；仁，慈爱也；勇，果敢也。率下者，遵循之谓，以威有以摄服之也；安众者，帖服之谓，以德有以怀柔之也。怖敌者，震慑之谓，以仁有以固结之也；决疑者，敢断之谓，以勇有以倡导之也。犯，干也；敌，抗也。得，谓罗而致之；去，谓弃而不用。

新宗曰：四机之用，虽所以制胜；而四德之施，不足以御众，犹未可言全材也。故必有威以摄下之玩心，德以联下之涣心，仁以结下之欢心、勇以鼓下之壮心，而后神其机之变化，斯足以畏其下而威其敌，诚与国休戚之良将也。

施子美曰：观起之在魏，而魏盛；在楚，而楚强。兹非所谓良将乎？夫所谓良将者，以其才之出于自然，非人所可及也。知而谓之良知，能而谓之良能，皆其天资自然出乎众表也。

《孙子兵法·始计》云："将者，智，信，仁，勇，严也。"吴子称："威、德、仁、勇。"威，以慑下之玩心；德，以联下之涣心；仁，以结下之欢心；勇，以鼓下之壮心。而后神其四机之变化，斯足以"畏其下"而"威其敌"，诚"与国休戚之良将"也。想做团体的头头，必要有"威、德、仁、勇"，才足以"率下安众，怖敌决疑"。

"施令而下不敢犯"，任何团体，如命令发出没作用，必要快快改造。上下相怨，结果大家一起混。

吴子曰："夫鼙（pí）鼓金铎，所以威耳；旌旗麾帜，所以威目；禁令刑罚，所以威心。

【批】言三军众多，心志不齐，贵有以提挈之，而后皆为我用。

【注】鼙鼓，马上小鼓也。金铎，大铃也。金口、金舌，军中振之，以传令也。析羽旄头为旌，熊虎为旗。麾帜，亦旌旗之属。威者，摄一之谓。

【解】彭氏曰：将所以役使乎三军者，惟其耳、目、心也，苟无摄一之具，虽什佰之间，势难麾指，况千万人之众乎？故必有鼙鼓金铎之声，有旌旗麾帜之色，有禁令刑罚之设，而后三军之耳、目与心，无不为其所一，以之而战，无不胜者矣。

街上"五金行"，就不卖金的。古时，"金"多为铜。

"耳威于声，不可不清；目威于色，不可不明；心威于刑，不可不严。三者不立，虽有其国，必败于敌。

【批】言威之不可不立。

【注】清，响亮也。明，华采也。严，犯而勿赦也。

醒宗曰：军旅主威，故军中所用，无一非示威之具；但其权，俱操之于将，故以三者豫立望之。

【解】谈敷公曰：威耳、威目、威心，人所皆知也。但混杂不清之弊，昏暗不明之弊，陵夷不振之弊，孰能知之乎？

"故曰：将之所麾（huī），莫不从移；将之所指，莫不前死。"

【批】引成语以证声之清、色之明、刑之严之效也。

【注】从移，谓从之而转移也。前死，谓前进而致死也。

无论办任何事，没有规矩就不能成方圆。家中如讲自由，家就不能过了。

人生所欠，一死耳！万般艰难，唯一"死"耳！

百姓懂得是非。当年，溥杰（1907—1994，溥仪胞弟）领着日本女婿要拜祖陵，老百姓说不可以进去。哀莫大于心死！有很多人就是不懂是非！

我在台一人，就准备死后不叫人哭。一个人受苦，不叫那么多人受苦。不为别人活，也不能害别人。生死是小事，要无忝所生，绝不能丢父母的脸！

吴子曰："凡战之要，必先占其将而察其才，因其形而用其权，则不劳而功举。

【批】言用兵必先审知敌人虚实，因此用吾权变以取胜也。

【注】占将者，探知敌将之姓名也。察才者，审量其才之能否也。形，谓虚实之形，在敌言；权，谓变化之权，在己言。惟能知其将，且辨其才，然后得以因敌之形而制吾之权也，非战之要乎？

"因其形用其权"，因形用权，水无形，因环境而成形，

"盈科而后进"（《孟子·离娄下》），"不舍昼夜"（《论语·子罕》）。

人最大的坏处，在于先成形。你怎么样，结果，人家就怎样你了。

何以"坏人名单"中，都没有同学的名？我天天教"坏人"，却无一成形！人太"老实"，是"无用"的别名！

"其将愚而信人，可诈而诱；贪而忽（轻忽）名，可货而赂；轻变无谋，可劳而困。上富而骄，下贫而怨，可离而间。进退多疑，其众无依，可震而走；士轻其将，而有归志，塞易开险，可邀而取。

【批】言占将察才之事。

【注】易，平坦之路；险，难行之道。

"愚而信人，可诈而诱"，愚昧轻信，可以设诈诱之；"贪而忽名，可货而赂"，贪得轻忽名位，可以货利赂之。

"轻变无谋"，说"朝令，可夕改之"，轻变，没脑子！无谋，没谋略，可以兵扰困之。

"上富而骄，下贫而怨"，上下相离；"可离而间"，一离间，就统了！

"进退多疑，其众无依"，多疑无依，进退无所适从。

"震"，《易·震》《大象》曰："洊雷，震。君子以恐惧修省。""可震而走"，因恐惧而出走。

"士轻其将，而有归志"，将不受重，人有归心；"塞易开险，可邀而取"，险路一开，可以谋取。

"进道易，退道难，可来而前；进道险，退道易，可薄（迫）而击。居军下湿，水无所通，霖雨数至，可灌而沉；居军荒泽，草楚幽秽，风飙数至，可焚而灭；停久不移，将士懈怠，其军不备，可潜而袭。"

【批】言因形用权之事。

【注】下湿，污下润湿之处。霖雨，淫雨连日不止者。荒泽，多草卑塞之地。草，百卉之总名；楚，丛木也。幽秽，繁密之貌。风飙，暴风自下而上者。

武侯问曰："两军相望，不知其将，我欲相之，其术如何？"

【注】相望，营垒相对也。不知其将，谓不知敌将之智愚也。相，视也。术，法之巧者。

起对曰："令贱而勇者，将轻锐以尝之，务于北，无务于得。

【批】言尝试之法。

【注】令，使也。令贱而勇者，以贱则不耻败北，勇则敢于赴敌也。将，犹领也。尝，即试也。北，奔败；得，斩获。

施子美曰：兵法千章万句，不出于"致人而不致于人"。

"令贱而勇者，将轻锐以尝之"，此为消耗战。

"观敌之来，一坐一起（两个动作），其政以理。其追北（败），佯为不及（不穷追）；其见利，佯为不知（不贪利）。如此将者，名为智将，勿与战矣。

【批】尝之而知其为有谋之将。

【注】政，军中之令。理，整肃也。如此：指上坐起以理，不穷追、不贪利而言。

周鲁观曰：人每轻信逐利，以致犯律混淆，为敌所乘者。而兹则理焉，佯不及焉，不知焉；虽欲诱之，吾终无以诱之。非明哲之将，孰能辨也？

【解】彭氏曰："勿与战"，不是一味避他，言不可轻与交锋也。必运谋画策，以计取之，方可获胜。

施子美曰：不贪小利，求食饵兵者也，故知其为智将。

"若其众谨哗（喧闹），旌旗烦乱。其卒自行自止（不从号令），其兵或纵或横（不听约束）。其追北，恐不及；见利，恐不得。此为愚将，虽众可获（如抓猪似的抓来）。"

【批】尝之而知其为无谋之将。

【注】谨哗，喧哄也；烦乱，不整也。恐不及、不得，贪功利也。此愚将之兵，以视智将相去不啻霄壤，又何畏焉？

【解】焦六霭曰：读此一章，武侯可谓善问矣。不意吴子之对，又如此其变化；尤妙在使贱而勇者，将轻锐以尝之，孰谓起之用兵"一于正"乎？

因为人心不安，宗教才如此盛行，连杀人犯都手戴佛珠。因"六合彩"没中奖，就打"老佛"了，将佛像打破！

刘寅曰：用兵之法，首重知变。变者，随时变化之谓，一毫不可执泥者也。

对方是活人，非必要听我们摆布，必有高人之智，应机变之巧！

使第知守常，而不知通变，仓卒之际，两军相遭，安能应敌不穷乎？故吴子历历言之。

岳飞高喊"直捣黄龙，迎二圣还朝"，就此一口号，他就必死无疑。他应喊"直捣黄龙"即可，将"迎二圣还朝"放在心里。此一口号，将三圣（宋高宗）置于何地？半壁江山的儿皇帝，也比一般百姓享受、舒服。到底谁坏？就是"三圣"！

喊口号，是智慧的事。但喊不好，就有可能要你的命。

《满江红》词云："壮志饥餐胡虏肉，笑谈渴饮匈奴血。"那二圣岂不早被对方吃光？人必得有智！

无一像样的东西，最纯的老百姓！应善用智慧解决当前的问题。我自袁项城往下皆看过，这一群完全不入流！

喊口号，要喊得"左右逢源"，不是要树敌，是要"缓冲"，缓和此事。

文章不难，就看"节骨眼"。就算悟通了，但能用世可不易！

武侯问曰："车坚马良，将勇兵强，卒（cù，突然）**遇敌人，乱而失行，则如之何？"**

【批】武侯设言仓卒遇敌，而究其应之之方。

【注】卒，忽然也。失行，不成阵列，离队伍也。

焦六霭曰：从来行兵胜败无常，往往有可恃者，而忽转为不可恃；故虽车坚、马良、将勇、兵强，犹或有遇敌乱行之虞，故武侯举而问之。

起对曰："凡战之法，昼以旌旗、旛帜为节，夜以金鼓、笳笛为节。

【批】言昼夜各有节制。

【注】旟帜，皆旗属，名不同而制小异。笳，卷芦叶吹之，长一尺四寸。七孔者为笛。

【解】此皆节制不严之所致耳。凡战之法：在于节制之先定，如在白昼，则以旌旗、旟帜之扬为节，所以一士卒之目也；如遇黑夜，则以金鼓、笳笛之声为节，所以一士卒之耳也。

夜以金鼓、笳笛乐器节之，主听声音。

"好雨知时节，当春乃发生"，做事也得"知节"，但每个环境的"节"不同。应用什么为节？看现在是白天或是黑夜，以什么为节，可以胜敌人？必知"此何时也"。既知是晚上，那要以什么指挥群众，以达目的？

现在病人虽多，但都开一样药方。群医束手，完了！

"麾左而左，麾右而右。鼓之则进，金之则止。一吹而行，再吹而聚。不从令者，诛。三军服威，士卒用命，则战无强敌，攻无坚陈（阵）矣。"

【批】言节制定之于先，威令足以服众，自是击强摧坚，无乎不可。

【注】麾左麾右，承上旌旗、旟帜言。进止行聚，承上金鼓、

筋笛言。

将之于下，平日贵以恩德相感，临战贵以刑威相慑。盖畏敌则违命，畏我则用命，此兵之所以尚威也。使非威以服之，则必不用命，又何以使之摧坚陷阵乎？

焦六霭曰：吴子之对，诚确论也。行兵之际，只一令在先，不从者诛之。惟善应变者，能如是耳。

【解】醒宗曰：天下事，每败于有所恃，而无所警。不从约束者，则有诛戮，庶使士卒无不用命，而后可以应变。

此亦"教戒为先"之意。旌旗等物，教也；不从令有诛，戒也。二者互济，而众可用矣。

不能净以硬克硬。

小范围，随时作战。用尽方法，引学生入彀；看反应不对，就得换旗。因为要达目的。大小事，一也。

《诗经·关雎》因恋爱失败了，而"辗转反侧"，可不许就此跳墙，因为要"乐而不淫，哀而不伤"。

讲了四十年书，现连一个出色的"坏蛋"也没有。这一代年轻人自信心太强，就"唯我独尊"，没有读《易经》的谦卦，往往忽略了客观环境。

智者乐水，上善若水。智慧如水，无形，取之不尽，用之不竭，因环境而成形。

我一生万事不恭，人家骂我，转身就走。和我一起干的，还剩下几个，大部分都与上帝走了！

武侯问曰："若敌众我寡，为之奈何？"
起对曰："避之于易（地之坦平），**邀之于厄。**

【批】言以寡敌众之法，在于避易邀厄。

【注】易，地之坦平者；厄，路之狭窄者。山阪峻绝，曰险；坑坎高下，曰阻。避之于易，恐被其蹂躏也；邀之于厄，使彼不得逞也。

"避之于易，邀之于厄"，想引敌入彀，必要有套术，对方并不是呆子。

用"乡间"，"远怕水，近怕鬼"，找乡人当间谍，因他对地方环境特别熟悉，必以重利诱之。你们的手头太紧了，办不到！

"故曰：以一击十，莫善于厄；以十击百，莫善于险；以千击万，莫善于阻。

理论讲得皆通，但到哪儿找这个环境？

"今有少卒，卒（猝也）起击金鸣鼓于厄路，虽有大众，莫不惊动。故曰：用众者务易，用少者务厄。"

【批】设言寡可敌众于隘，以见故语之不诬。

【注】今有，设为之辞。务，专用力于此也。平易之地，便于驰突，故用众敌寡者，务之；狭隘之路，便于邀截，故用寡敌众者，务之。

【解】醒宗：总之，皆"避吾之短，用吾之长"耳。

好利的民族，无不受人支配！如既好利又好色，那更是完了！

没做事，先划圈，根本没想成事！刚来台时，许多要人竞相捧角，顾正秋红极一时。现都成"救亡团体"了，还不懂得牺牲，还争领导地位。

武侯问曰："有师甚重，既武且勇，背大险阻，右山左水，深沟高垒，守以强弩。退如山移，进如风雨，粮食又多，难与长守。则如之何？"

【批】武侯以敌强为问。

【注】师，兵众也，又五旅曰师。武，以技艺言；勇，则力有余也。身北曰背。阻，犹隔也。

起对曰："大哉问乎！此非车骑之力，圣人之谋也。

【批】吴子嘉之，而重之以"圣人之谋"。

【注】大哉，嘉叹之辞。圣人，明哲之称，非全德之谓也。

"大哉问乎"，太重要的问题。

"圣人之谋"，注："圣人，明哲之称"，废话！圣人，乃时至而不失之。圣人不能生时，时至而不失之。在自己的环境中要稳，就等时至，老虎也有打瞌睡时。

【解】焦六霭曰：所对之妙处，在不用战而用谋耳。

"上兵伐谋"（《孙子兵法·谋攻》），做事必要多谋。在此环境下不能以硬克硬，必用圣人之术——"时至而不失之"。但一般人皆马后课。

想搞群众运动，必要有一帮人，"谋定而后动，知止而有得"。没有群德，就没有群力，群策群力，十个臭皮匠胜过一个诸葛亮。贵乎能"行"，而非"知"。

"能备千乘万骑，兼之徒步，分为五军，各军一衢；夫五军五衢，敌人必惑，莫知所加。敌若坚守，以固其兵，急行间谍，以观其虑。

【批】击强之道，在分兵迭袭，以获其利。

【注】凡四马驾一车，曰乘。每乘甲士三人，步卒七十二人，并炊子、守装、厩养、樵汲共二十五人。言千乘，则正副士卒，计有十万。骑，马军也。兼徒步，言车、步、骑，三军皆备也。衢，路也。间谍，游侦也。

天天动老虎的尾巴，愚人也。人家玩一辈子老虎，还怕几只驴子乱叫？

"急行间谍，以观其虑"，用间谍投入敌人的怀抱，才知敌人是怎么虑事的。

"彼听吾说（shuì），解之而去；不听吾说，斩使焚书。分为五战，战胜勿追（焉知非佯败）**，不胜疾归**（快跑）**。如是佯北，安行疾斗。一结其前，一绝其后，两军衔枚，或左或右，而袭其处**（空虚不足之处）**。五军交至，必有其利，此击强之道也。"**

【注】解，释兵也。勿追者，恐有伏兵也；疾走者，避其锋锐也。结，交互也；绝，横断也。衔枚，谓以木干如著形，横衔于口，结之项后，以禁语也。处，谓空虚不足之处。

"衔枚"，枚，形状如筷子，两端系绳扣在颈部。军队行进时，将枚衔在口中，以避免喧哗，即使遭猎物突击也能保持噤声，亦实阵之要求。

彭氏曰：五军交至，此《孙子》形人之法也。

【解】太原刘氏曰：法不可泥，更在乎神而明之耳。

"道"字，与前"谋"字相应，非圣人之谋，未足以语道也。

记住：对方是活人，可不是死人。

其实方法差不多，就视如何运用，"运用之妙，存乎一心"。

想不通的问题，就"近取诸身"（《易经·系辞下传》），以切身的问题想。"己所不欲，勿施于人"（《论语·卫灵公》），即切身地想，推己及人。千万不要画饼充饥、望梅止渴。其次，为"远取诸物"，自环境取材。"不可为典要，唯变所适"。

人要是不怕死，天下没有不成功的事。白捡的东西，都不值钱。一旦怕死，什么糟的事都做得出来，到最后仍必死，却什么脸都丢光了！

陶朱公（范蠡）多聪明，成就越王霸业，功成身退，经商而有成。张良"运筹策帷帐之中，决胜于千里之外"，为汉初三杰之首，亦急流勇退，为其子命名为"不疑""辟强"。

人生就是辉煌一段，乘辉煌时退下，大家都怀念你。尧、舜如何，不得而知，以"让"名于后世。

每个人皆有"志"，但必要有"智"。国民革命，就孙中山一人成功了，其道德与否，不谈。孙中山告诉袁世凯：只要逼清室退位，就将大总统位子让了。后来也真让了，不容易！

人必"真有德"，而非靠"宣传"，宣传没有用！

武侯问曰："敌近而薄我，欲去无路，我众甚惧，为之奈何？"

【注】薄，迫也。欲去，舍敌而自保也。

起对曰："为此之术，若我众彼寡，分而乘之；彼众我寡，以方从之。从之无息，虽众可服。"

【批】教敌来迫击而应之之术，在于酌众寡而妙分合之权。

【注】分而乘之，谓分兵更迭以掩袭之，即《孙子》"倍则分之"之法也。方，谓临阵出奇。言"从之"者，随其薄我处而应之也。无息，不犹豫、不迟延也。

【解】焦六霭曰："以方从之""无息"，真因敌变化，与时推移者。

我来台，到"政干"教两个小时，就被解聘了！两个钟头，也没给一个月薪俸。

在东北时，我每周讲一次"王道主义"，属于政治课。朴正熙（1917—1979，韩国第3任、第5届至第9届总统）也是我的学生。但我教的中外学生，成功者少。

成功固然有术，但也不能恃之以术。

袁项城当皇帝，皇袍用绿袍小团龙，像个蛤蟆，当然政权不长。此人聪明，只是德不足。杨度，也是聪明绝顶！善读近代史、民国演义史，可于你们有益处。

应客观地评估，把敌人高估，才知怎么小心应敌。做事，是有一定的。

武侯问曰："若遇敌于谿谷之间，傍多险阻，彼众我寡，为之奈何？"

【注】山有水曰谿，无水曰谷。

起对曰："遇诸丘陵、林谷、深山、大泽，疾行（速行）亟去，勿得从容（犹豫）。

【批】险阻之地，遇敌亟去，可无袭击之患。

【注】丘，四高中下也；陵，大阜也。林，平土有丛木也。深山，山之僻远者。大泽，水之广积者。

【解】"疾行"二句，谓勿久留于此，恐敌袭击；非谓一与敌遇，便仓皇奔走，示敌以可乘之隙也。

施子美曰：善用兵者，无所往而不胜。

皆危险环境，举动有碍，不便驰骋之地。

"疾行亟去，勿得从容"，遇危险环境，该去就去，不要犹豫。

读书要细心，非看字面就完了。

"若高山深谷，卒（cù）然相遇，必先鼓噪而乘之；进弓与弩，且射且虏。审察其治乱，则击之，勿疑。"

【批】因其不及而乘之，辨其治乱而击之。

【注】且射且虏，乘人之不及也。治乱，指敌言。

皇甫肱曰：《春秋传》曰："宁我薄人，毋人薄我。"先人有夺人之心，是也。

醒宗曰：大事应变之法，在于审时势，察机宜，不疾不徐，不离不合，斯用之无不当，施之无不得者。至敌我众寡，所不计耳。

【解】应变如此，总在平日教习有方，部伍分明，虽绝成阵，虽乱成行，斯亦可耳。

看《吴子》，像不像我们现在所处的环境？这就是我之所以要讲《吴子》的原因。

群策群力，就是力量。药方试着做，病人服后才知有效与否。

武侯问曰："左右高山，地甚狭迫，卒遇敌人，击之不敢，去之不得，为之奈何？"

起对曰："此谓谷战，虽众不用。募吾材士，与敌相当，轻足利兵，以为前行；分车列骑，隐于四旁，相去数里，无见其兵，敌必坚陈，进退不敢。于是，出旌列旆，行出山外营之，敌人必惧；车骑挑之，勿令得休。此谷战之法也。"

【批】谷战之法。

【注】募，广求也。材士，有勇力之人。相当，犹言抵敌也。轻足，善走者也。利兵，锋锐器也。

做事"仗其众"，得设一个"虽众不用"的环境，使其人虽多，但使不上，此必摆"谷战"之势。

人一旦权、利到手，即智昏，权令智昏、利令智昏。人在权势之下，头脑清楚不易。旁观者清，好坏并无直接利害，可以冷静想。曾文正善用幕府，即养士，因这批人看问题较为客观。

"与敌相当"，岂是容易？敌人太强，则不成正比。先找与敌相当的人才，不能相当就没法造势。人才不足，能够造势？今天"不愿意，但能接受"，竟成名言了！什么教育出什么人才。

讲书，如不举例，你们不知，但无形中得罪多少人。也不怕！

《孙子》讲形势，因形造势。

必因形造势，使对方施展不开。"二人同心，其利断金"（《易经·系辞上传》），如人皆一条心，就有用了！如一团体千万心眼，未出发就考虑名利，则兵已过河！

无"有为之形"，又如何造势？有地形，但人形呢？要造势，得用人。自然之势，人为之势。如何达到有为？想问题，必自基本入手，不能完全空想，要如证严之于慈济。

武侯问曰："吾与敌相遇大水之泽，倾轮没辕，水薄车骑，舟楫不设，进退不得，为之奈何？"

【注】水钟聚，曰泽。倾，欹也。没，沉也。轮，车之两轮；辕，车前横木，上勾衡者。薄，迫近也。舟，用以济水；楫，用以进舟。

起对曰："此谓水战，无用车骑，且留其傍。登高四望，必得水情；知其广狭，尽其浅深，乃可为（行）奇以胜之。敌若绝水（涉水），半渡而薄之。"

【批】水战之法。

【注】留，停止也。登，升进也。水情，水之情状，即广

狭、浅深是也。绝水，涉水也。

陆氏曰：出奇计者，必先熟察其水情，而后得济耳。

【解】陆经翼曰：第不得水情，则浅深何若？广狭何若？皆未能一一周知，何以运用机谋，以取胜乎？所以曰"必得"，曰"乃可"，字眼俱有斟酌。

"留其傍"者，非水泽之可恋也，乃仔细观望之意。

查水情，必看水文。

"为奇以胜之"，为奇不易！自以为奇，别人未必认为奇，而且还不见得用上。奇招，是别人看不出的招数。

社会是相对的，就是需要而有用，必要练有用，千万不要抱侥幸心理。你有什么用？先问问自己。真有用，他会把你用完了再甩掉，否则他马上把你甩掉。

不必要求人家对你好，先问问自己有什么用。一父生三子，但对待亦不同，因每个人的成就不相同。必要认识这个实际，才能在社会上立足。

遇奇遇，必要特加小心，社会上绝无便宜事。看人的表情，要有戒心，不行，就逃之夭夭。就怕他将你"报销"了！

看破世情惊破胆！我到处老是傻笑，因不笑就得哭。

只要是我的学生都说真话，不高兴是另一回事，你们应好自为之。对方不好对付，非棋逢对手，不好对付。你们未来的日子，难过啊！

社会上，也难免碰到呆子捡便宜，但是捡多了，早晚得吃亏。怎么对付敌人，是智慧。有英雄之志，也必要有英雄之智。有成天下之志，必具有成天下之智。

台湾解严（1987 年 7 月 15 日）之初，还不错，现在则愈来愈不能看了！看有多少看得下去的刊物？人才太少了，所以刊物养不起来。

真想"独当一面"，必要有"真实力"。

"敌若绝水，半渡而薄之"，废话！

武侯问曰："天久连雨，马陷车止，四面受敌，三军惊骇，为之奈何？"

【注】陷，谓马之四蹄，入于泥淖也；止，谓车之轮辐，滞而不行也。

起对曰："凡用车者，阴湿则停，阳燥则起。贵高贱下，驰其强车，若进若止，必从其道。敌人若起，必逐其迹。"

【批】车战之法。

【注】湿，泥泞也；燥，焦干也。贵高者，务行高敞也；贱

下者，恶入卑污也。道，承上贵高贱下言。迹，车辙也。

醒宗曰：阴阳、高下，盖趋避之法。敌起逐迹，以前车为鉴。

焦六霶曰：阴停、阳起，上因乎天也；贵高、贱下，下因乎地也。驰强车而从道，而逐迹，中因乎人也。夫能因天、因地、因人，以为进止，则驰骋自如，而纵横由我矣。

【解】二"必"字，宜玩。

"道"，做事的方法、步骤。"知凡之目"，做事有凡例、有纲目，纲举而目张。《中庸》"知远之近，知凡之目，知微之显"，此为做事的方法。

"迹"，形迹。"知微之著"，识微，知微；知微，察微。微，必加以体味。"之著"，则是真理的成就，行而显。"莫见乎隐，莫显乎微，故君子慎其独也"（《中庸》），由隐之显，由微之著，故要"慎独"，在己曰独。

从事政治，必要有"内圣"的功夫，知此，则做事必有伦有序，不会本末倒置。伦，理也；礼也，履也。

武侯问曰："暴寇卒来，掠吾田野，取吾牛马，则如之何？"

【注】暴，犹强也。卒来，忽然而至。掠，抄取也。

起对曰："暴寇卒来，必虑其强，善守勿应（待时也）。彼将暮去，其装必重，其心必恐，还退务速，必有不属（连）。追而击之，其兵可覆（灭）。"

【批】追击暴寇之法。

【注】暮，如《孙子》"暮气"之暮。装，谓负载之物。务速，求急归也。不属，相断续也。

"虑"，虑深通敏。如遇"智囊"，必虑其"机诈"。

《中庸》"君子必慎其独也"。理学家解：敬慎于自己独处时，无愧于屋漏。我解：慎己独所不知的事。如人对儿子、太太在外所做的事不知，而外人则无不知。地位愈高者，得慎己所独不知之事，"舜好问而好察迩言"，因为人不能孤陋寡闻。

"知"了以后，还得"征诸庶民""质诸鬼神而无疑"（《中庸》），必加以印证，然后才能去实行。

吴子曰："凡攻敌围城之道，城邑既破，各入其宫，御其禄（做官的）秩（有地位的），收其器物。军之所至，无刊（砍伐）其木、发（拆毁）其屋，取其粟、杀其六畜、燔其积聚（贮藏），示民无残（肆害）心。其有请降，许而安之。"

【批】攻围敌邑，在以抚安人民为念，而勿肆行杀伤。

【注】以兵力击之，曰攻；环其城而攻之，曰围。邑，都邑也，《周礼》"四县为都，四井为邑"。宫，听治之所。禄秩，如《周官》所载，有禄秩之人是也。御，抚而用之。器物，如敌国之俎豆、图籍是也。收，聚而藏之。刊，砍伐也。发，毁拆也。六畜，马、牛、犬、豕、羊、鸡也。积聚，谓所贮之货物。残，肆害也。安，慰其心。

焦六霶曰：按此篇所载皆变也，惟此章安民无残，似非应变，列之篇末，何哉？盖吴子仕魏，欲假列国之兵，行王者之道，亦变之一端耳。

【解】醒宗：攻敌围城，得道者少，失道者多；其于既破之际，入其宫室，以玉帛子女为念者，不可胜数，何暇及于御禄秩、收器物乎？"军之所至"以下，足见其不忍之心，不可谓非有道之兵也。

《春秋》造其国都曰"入"。古者，贵贱所居，皆曰"宫"；至秦，始为至尊所居之称。不必泥定注中讲，亦可。

破城之后，看表现如何即知。萧何入咸阳，收天下之图籍，地图、人民户口册。也有入人宫室，淫人妻女者。

地方官应知地方事，知哪条马路有坑洞，知哪里有民怨、民困。

1949年前，国民党军队到哪儿，把人家的鸡猪吃完了，就忘了给钱；共产党则不然，将乡下院子打扫干净，水缸水都装满了，还不进屋睡……两党军队的做法不同，成败亦在此。

别看《心经》字少，就叫你成佛。你们真有定力，八风吹不动！

天天聊天，也是"游于艺"（《论语·述而》），"以文会友"（《论语·颜渊》），辩才无碍！但不要"群居终日，言不及义，好行小慧"（《论语·卫灵公》），浪费时间！

你们比我"现代化"，却不太留心"现代事"！台湾要修高铁，南北多长？设七个站，所需经费多少？值得吗？做任何事，有无先精算？"多算胜，少算不胜，而况于无算乎？"（《孙子兵法·始计》）

台湾地区十四项建设（1984年开始）中，何项需要做、应该做？怎么建设台湾于未来真有用、真幸福？环境不同，所生利的方式绝对不同。现在开出的药方，没几个能用。

有些做官的是"头脑昏庸，才堪大用"。到底是真没智慧，还是同沾其利？在风景区也要修"万里长城"？真是没头脑，净像猪槛。

我穿的衣服已四十一年！你们应冷静考虑。有治家之能，也就有治国之能。

治国得就地取材，就地应变，必根据现在的情形，不论长短都得了解，再深入研究。一个好的经济政策，并非从天上掉下来的，不是"头痛医头、脚痛医脚"，更不是急就章，欲速则不达，必要加以深入研究，知其利弊得失。

爱这块土，无条件地付出，就因为爱。不必背感情包袱，冷眼旁观，人民亦有权说话。虽有圣人，亦莫如之何矣！谁都会过去。关心这块土必要写，只要你们客观，有智、说得对，谁都会采用。

台湾问题是中国的内政问题。要想有为，得找个平衡点，也得有做法。

我暑假去旅行，你们研究一套，回来再给你们做参谋。

励士第六

"士"，包含多，如兵卒、基层公务员、读书人等。

想做领袖，就得励士。"望之俨然，即之也温"（《论语·子张》），望之有威仪，到其跟前觉得温和可亲；"听其言也厉"（《论语·子张》），"厉"，励也，所说的都是造就人的话，很能勉励人。

"帝出乎震"（《易经·说卦》），"帝"，主宰义；领袖是从"动"中来的。人必得动，人动就活，活动活动。

太原刘氏曰：武侯与吴子谈兵至此，可谓详且尽矣。而激励之法未立，恐军心不固，不足为人主所恃；故设为燕飨之礼，即以其功之大小为差等，以激励无功者，而归于有功也。

必先修己：慎独。然后"征诸庶民"，自百姓印证。知微之著、知凡之目。

没有智，什么也成不了。立志容易，但智慧是慢慢培养的。舜之所以成其大智，在于"好问而好察迩言"。

殷商青铜器之美，非历代所能仿造，由此可见中国文化的深奥。诸子百家到《史记》，文章之美，真无法形容！汉后的文章，皆泻肚子。何以那时的人会那样想？现在有许多地方进步了，但是大本皆丢了！何以诸子在数千年前，能想问题想得那么细密？我不论真假，只要是他懂，而我不懂的，就佩服。

看书，要贵精不贵多。我讲书时有怪论，皆是"精读"出来的，慢慢琢磨，时常琢磨，发现许多注解未考虑清楚即写出。我主张"依经解经"，不以注解经。

你们应每隔几个月就到台北"故宫博物院"走走，许多东西一辈子能看几回？每当换展时，我必去，一看就是一整天。

武侯问曰："严刑明赏，足以胜乎？"

【注】张贲曰：武侯严明之问，盖欲使人畏服之意。

起对曰："严明之事，臣不能悉（详论）。虽然，非所恃也。

【批】严明之不足尽恃。

【注】悉，详论也。

张贲曰：不知知严刑之威，能著于刑之所及，而不能著于刑之所不及；明赏之令，能行于赏之所至，而不能行于赏之所不至。故吴子对之，如此。

"严"，刑罚；"明"，赏赐。严刑明赏之事，不能详论，然不足恃也。

不好正面驳。

"夫发号布令，而人乐闻；兴师动众，而人乐战；交兵接刃，而人乐死。此三者，人主之所恃也。"

【批】三军之士，倾心乐用，乃人主所可恃者。

【注】唐荆川曰：人之难得者，心也。而况号令、师众、兵刃之际，尤为所最难者。使世之人主，素无厚泽，以固其心，方逡巡畏缩，而不前也，孰肯为之效力耶？惟有以致其欢欣踊跃，令出惟行，且趋事恐后，奋不顾身；则虽有敌国外患，亦可恃以无恐。此岂严明之所致乎？

【解】夫所恃者，不在勉强赴战之身，而在于中悦诚服之心也。

大全：三个"乐"字，盖人心中一段踊跃之雄，虽虎狼之众，无以当之。故曰"人主所恃"。

惟其乐，而后闻也、战也、死也；不乐，虽有号令，而若罔闻；虽有师众，而战不力；虽临兵刃，而无死志。即欲不败，不可得也，遑言胜乎?

施子美曰：将用之际，必使之乐闻而后可。

武侯曰："致之奈何？"
对曰："君举有功而进飨〔享〕之，无功而励之。"

【批】此正致人三乐之方。

【注】君举昔之有功者，而进于庙廷，赐以燕飨；则今之智功者，皆自知所激而励志矣。

"无功而励之"，无功也不要奚落他，应勉励之。
"少年贫，不算贫；老年贫，贫死人"，年轻人总是有厚望的。

于是，武侯设坐庙廷，为三行〔列次〕，飨士、大夫：上功，坐前行，肴席，兼重器、上牢；次功，坐中行，肴席，器差减；无功，坐后行，肴席，无重器。

【注】行，列次也。重器，谓杯彝等物。上牢，牲用牛羊也。差减，少减也。

【解】彭氏曰：自飨士之法立，不独居前者，因宠荣而益奋，即居中居后者，亦且因差等而自励；其交相鼓舞之机，较之严刑有悬殊矣。

三行之飨，妙在无功者亦与其列。不然，则其气为之丧，心为之沮，无由以励也。

太牢，牛、羊、猪俱备；少牢，猪、羊；上牢，牛、羊。

古时看重"鼎"，乃国之重器。国家亡，称易鼎、鼎覆；国家建立，称定鼎。

飨毕而出，又颁赐有功者父母妻子于庙门外，亦以功为差。有死事之家，岁遣使者，劳赐其父母，著不忘于心。

【批】亦致人三乐之方。

【注】事，谓王事。劳，慰之也。赐，予之也。著，犹明也。

【解】张泰岳曰：激励人心，固在行三飨士一端，尤在注念死事之家。盖阵亡之人虽殁，而忠魂正自虽忘，岁遣使者劳赐其父母，是励士之恩，不第厚于生者，亦且痛念于既死，宁不群然奋力，为王敌忾乎？

著不忘于心，尤为"励士"之要着。即吮疽裹创，犹绪余耳。

古时光宗耀祖的观念重，故有功者必追封三代、褒三世，以此激励人心。

昔墓碑，必按身份立；换碑，墓的样子也不同。

李石曾（1881—1973）的父亲李鸿藻（1820—1897），同治帝师傅，其家门，皇帝轿进不去，要下轿走进去。李石曾，洋翰林。

行之三年，秦人兴师临于西河，魏士闻之，不待吏令，介胄而奋击者以万数。

【注】承上文言，"行之"，行此三行之飨，颁赐之法也。三年，言其久也。士，统士卒而言；吏，统将吏而言，盖约辞也。

武侯召吴起而谓曰："子前日之教行矣。"

【批】武侯自明其励士之效。

【注】子，尊称也。行，犹验也。

张贲曰：今古事功，每由激成，苟上无奖励之方，则人心懈而自勉者少。武侯设此三行之法，当燕飨之时，隆杀已见；席重赏者，感其厚恩；坐末功者，思图后效，且锡及有功之家，眷及死事之臣，其优渥之典，入人甚深。自是敌兵临境，士皆奋击，目中宁复有强秦乎？吴子迪君之功，大矣哉！

【解】王圻曰："行矣"，当作"效验"字看。见忠勇之气，人各素具，只是不激励则不奋发耳。

重赏之下，必有勇夫。不能吝赏。

起对曰："臣闻人有短长，气有盛衰。君试发无功者五万人，臣请率以当之。脱其不胜，取笑于诸侯，失权于天下矣。今使一死贼，伏于旷野，千人追之，莫不枭视狼顾。何者？恐其暴起而害己。是以，一人投命，足惧千夫。

【批】用兵非贵众多，而惟在于激励之人心。

【注】短长，以人才言，借以喻士卒之气有盛有衰，不可无鼓舞之权也。脱者，或然之谓。死贼，敢死之人。旷野，广行之地。枭，恶鸟，日午不能见物，故数视。狼，兽名，高前广后，与狈相倚，无狈不能独行，故数顾。暴，猛也。投，犹拚也。自"君试"以下，皆设喻之辞。

【解】是以一人至寡也，苟投弃其命，足致千夫之恐惧，而况于五万人之众乎？

直解：死贼一人耳，其势虽寡，其气则盛，故可令千夫之恐惧。

"人有短长"，不可以对人求全责备，"无求备于一人"（《论语·微子》）。用人，应用其长，不用其短，则天下无废人！

"气有盛衰"，刚来台时，南北两大财主——"南唐荣

（1880—1963，执台湾钢铁业牛耳），北李建兴（1891—1981，台湾矿业巨子）"，王永庆（1917—2008）那时还在卖米。张道藩（1897—1968）就认唐荣太太做义母。

人生所难在一死，何以要丢祖宗的脸？一个人还争九十年、八十年做什么！就是想不通！想通了，就不要强求，"从吾所好"（《论语·述而》），做自己喜欢做的事。

"满人入关"，做了近三百年皇帝，最后弄得子孙万劫不复。当初，太祖高皇帝不要入关，太宗则非入关不可，而今安在哉？

从吾所好，过日子才愉快。做自己喜欢的事，多少会有成就。

"枭视狼顾"："枭"，深目，日午不能见物，故数视，盯着看；"狼"，《说文》云："似犬，锐头白颊，高前广后。"昼伏夜出，与狈相倚，无狈不能独行，故数顾，频频回头看。喻行动警觉，有所畏惧。

想要胜利，必得"造势"。人无论在什么时候，不会绝对失望，就看有无造势的智慧。

"一人投命，足惧千夫"，一人不要命，千人都惧。士官长，是军中之胆。

"今臣以五万之众，而为一死贼，率以讨之，固难敌矣。"

【批】励五万人之锐气，如一死贼，则莫当其战。

【注】为死贼，联疏为亲也。讨，声其罪而伐之。

【解】励五万人之众，使共为一死贼，而率以讨伐强秦，则必同心并力，奋勇先驱，彼固难与为敌矣。

于是，武侯从之，兼车五百乘，骑三千匹，而破秦五十万众，此励士之功也。

【批】以少击众，皆由励士而然。

【注】兼，谓杂而用之。

焦六沾曰：两敌相当，我军致死，则敌虽众多，难与我抗矣……要非励士，未易得此。

【解】破强秦之师五十万众，以一敌十，盖励士之功也。

吴起在魏、秦"西河之战"，创下"以少胜多"的战例。

先战一日，吴起令三军曰："诸吏士当从受敌，车骑与徒。若车不得车，骑不得骑，徒不得徒，虽破军，皆无功。"故战之日，其令不烦，而威震天下。

【批】志其申戒之言，最为简略，见励士之后，人心踊跃，无俟于大将之烦其令也。

【注】令，申戒之也。得，夺而取之，为我有也。烦，琐屑也。

焦氏曰：当战之时，无俟申令，而声施敌国，名显诸侯，励士之功，不于此而益见哉？

【解】太原刘氏曰：战之日，其令不烦，以有军令在先；故临时不必烦屑，而人心自乐为用。

三行之飨、门外之颁、使者之劳，此励士于未战之先也，然究是明赏之一端。先战一日，布令军中，不得敌军者，不录其功，此励士于临阵之际也，然究是严刑之一端。在吴子口中，只分先后，赏以诱之，刑以迫之已耳。

"先"，《韵会》云："凡在前者谓之先，则平声。先而导前与当后而先之，则去声。"此"先战"，为去声，先战期之一日。

施子美曰：惟其法之素定，故当战之日，其令不烦，而威震天下矣。在法有曰："教约，人轻死。"如起之所令，其教亦约矣。人而轻死，则其威之所振宜如何耶？此李克言之，武侯所以曰："其用兵，虽司马穰苴莫能及。"非溢美也。

"其令不烦，而威震天下"，令不烦，刘邦"约法三章"，言简意赅，成功了！纸面文章不必太多。下令太多，军人没法记住。

孔子一上台，先诛少正卯。想做事，必要先铲除障碍，且必除恶务尽，斩草必除根，否则春风吹又生。成功，在于除恶务尽。后继有人重要，如不培植好人，那用什么挽回灭亡？所以，你们做事绝不可以模棱两可。

"子畏于匡，曰：'文王既没，文不在兹乎？天之将丧斯文也，后死者不得与于斯文也。天之未丧斯文也，匡人其如予何？'"（《论语·子罕》）我如前五十年真明白此章，可以少吃很多亏。读书难，那时还未真明白"后死者不得与于斯文也。天之未丧斯文也，匡人其如予何"，何所指？"文"，最难解释。

孔子在史上，其学说受多少障碍，可以存疑。

我五十年，白干了！一切皆天命，应做自己应做的事，不可以逆天而行。

不主观而顺自然，更易于有成就；一有为，"人之为道而远人"（《中庸》），则适得其反！

我"以夏学奥质，寻拯世真文"，总觉中国文化绝对有利于现代建设。但今天讲中国文化的，有几人真懂中国文化？"后死者不得与于斯文也"，对本身文化根本不知其所以然。

禅，不妄想；定，不求妄得。禅宗，《坛经》真正中国思想，对以后宋明理学有所影响，互相启发，但对中国的流弊，又是另一回事。朱子学说有其短，为各代帝王所利用。朱学，南朝之学；王学，明末之学。

重视学术，应自根上挖掘。中国文化之源，源自黄河流域。认识，都有有脉络可循，才可以作深入的研究；一有主观，先入为主，就难以深入。

自己好好建设，不要搞分裂。政客，妓女之流，学术如跟着跑，就悲哀！

中国在 21 世纪必树立本身的文化，因为自清末以来，中国即成为外国文化的试验场。没细读圣人的智慧，怎能明大义？所谓"不患寡而患不均"（《论语·季氏》），不均，即为社会的病根，人类之患即自"不均"来的。一部《周官》，即讲"联"与"均"之道。想解决社会问题，必自"均"入手"均无贫"；"贫而无怨难"（《论语·宪问》），不均，早晚必有祸。自此立说，以《周官》作为参考。

就没能识微，其实并没有什么神秘。以孔子之智，犹"好学"，说"不如丘之好学也"（《论语·公冶长》），何况智不如孔子，能不更好学？

现在"大师"所写的书，真是罪孽！还不值得警惕？

太公兵法

"韬"者,《说文解字》称:"弓衣也。从韦舀声。"《玉篇》云:"剑衣也。"弓、剑的套子。《广韵》称:"藏也。"有韬藏之义,韬光养晦。韬略,《六韬》《三略》。

《韵会》以"韬"与"弢"同。《庄子·徐无鬼》有"金版六弢"说,《汉书·艺文志》有《周史六弢》,颜师古注曰:"即今之《六韬》也。"但学者有不同意见,此略而不论。

《六韬》一书是否伪书,亦聚讼纷纭。作为一部古兵书,其基本思想至少在战国后期已形成,自 1972 年山东临沂银雀山汉墓及 1973 年河北定县(今定州市)汉墓出土的竹简中,有《文韬》《武韬》及《龙韬》等内容,与今通行《六韬》中相关内容基本相同,而这两座汉墓墓主的埋葬时间,前者至迟在汉文帝即位之前，显见在西汉初期即有定本流传，其成书应在西汉前之战国时期。

传统著作多为后人所集结而成，如《管子》并非管仲所著，但可以体现管仲的主要思想。《六韬》书中反映了商周时期的军事特色，也体现太公之用兵及阴权。《孙子兵法·用间》说："周之兴也，吕牙在殷。故明君贤将，能以上智为间者，必成大功，此兵之要，三军之所恃而动也。"证诸太公辅周灭商、建立齐国诸事迹，太公应有谋略之书传世。

可以说，《六韬》虽非太公手书，亦可能由后人集结成篇，是先秦重要兵典之一。太公其人，可谓"韬略鼻祖、兵家之祖"。

编者谨识

2018 年 7 月 1 日

太公姓姜，名尚，字子牙。东海上人，其先封于吕，故曰吕尚。文王曰："吾太公望子久矣！"故又曰太公望。

《史记·齐太公世家》：太公望吕尚者，东海上人。其先祖尝为四岳，佐禹平水土甚有功。虞夏之际封于吕，或封于申，姓姜氏。夏商之时，申、吕或封枝庶子孙，或为庶人，尚其后苗裔也。本姓姜氏，从其封姓，故曰吕尚。

龟氏曰：《六韬》，周吕望撰。《汉书·艺文志》无此书，梁、隋、唐始著录，分文、武、龙、虎、豹、犬六目。

水氏叶心曰：自《龙韬》四十三篇，条画变故，预设方御，皆用兵者，所当讲习。

周氏曰：龙、虎、豹、犬四十三篇，繁悉备举，似为《孙子》

义疏也。

此乃千古之误，笔下之误。应说《孙子兵法》简炼太公兵法，成《孙子兵法》一书。

《六韬》后半部（《龙》《虎》《豹》《犬》四十三篇），与《孙子兵法》有密切关系，若《六韬》一书为真，则《孙子兵法》思想由《六韬》而来。

太公辅周建齐，对齐兵家文化有深远的影响。

《史记·齐太公世家》：太公至国，修政，因其俗，简其礼，通商工之业，便鱼盐之利，而人民多归齐，齐为大国。及周成王少时，管蔡作乱，淮夷畔周，乃使召康公命太公曰："东至海，西至河，南至穆陵，北至无棣，五侯九伯，实得征之。"齐由此得征伐，为大国。都营丘。

太史公曰：吾适齐，自泰山属之琅邪，北被于海，膏壤二千里，其民阔达多匿知，其天性也。以太公之圣，建国本，桓公之盛，修善政，以为诸侯会盟，称伯，不亦宜乎？洋洋哉，固大国之风也！

考《艺文志》，上自神农、黄帝、风后、力牧，下至公步骘、范蠡、大夫种、孙武、吴起之书，靡不载为兵家，而独以《六韬》列之于儒，曰周太史《六韬》六篇是也。

所谓太公谋八十一篇、言七十一篇、兵八十五篇，则列于道家者流，是何黄石所授于留侯者，特不见录以为兵书耶？

《史记·留侯世家》载黄石公授书张良一事："出一编书，曰：'读此则为王者师矣。后十年兴。十三年孺子见我济北，谷城山下黄石即我矣。'遂去，无他言，不复见。旦日视其书，乃《太公兵法》也。良因异之，常习诵读之。"

盖太公之韬略，非若孙吴、穰苴诡诈以求胜也。故自汉以来，专为权谋速胜之术，太公韬略固视之以为迂缓，而不知好，君臣相漫不知省，历世久远，而子房之所学者，顿为无用。无怪乎不录之于兵，而录之于儒与道也。

《武经七书》

太公，姓姜名尚，字子牙，又名吕尚或吕牙，生于殷商末季。辅佐武王伐纣灭殷，建立周朝。

《史记·齐太公世家》：吕尚盖尝穷困，年老矣，以渔钓奸（通"干"，求也）周西伯。西伯将出猎，卜之，曰"所获非龙非彲（同'螭'）、非虎非罴，所获霸王之辅"。于是周西伯猎，果遇太公于渭之阳（山南水北），与语大说（悦），曰："自吾先君太公曰'当有圣人适（往）周，周以兴'。子真是邪？吾太公望子久矣。"故号之曰"太公望"，载与俱归，立为师。

《六韬》，是对文、武王谈话纪录。

《史记·齐太公世家》：周西伯昌之脱羑里归，与吕尚阴谋修德以倾商政，其事多兵权与奇计，故后世之言兵及周之阴权皆宗（尊崇）太公为本谋。周西伯政平，及断虞芮之讼，而诗人称西伯受命曰文王。伐崇、密须、犬夷，大作丰邑。天下三分，其二归周者，太公之谋计居多。

《文韬》，说明治国安民，对友对敌准备事项；《武韬》，说明对敌谋略，全胜之道；《龙韬》，说明军政与军令问题；《虎韬》，说明武器装备战略战术运用；《豹韬》，说明特种作战要领；《犬韬》，说明战法等事。

文

韬

韬之为言，藏也。篇中虽有兵端，然悉本于道德，故以"文"名。

"韬"，口袋、套子，藏也，韬光养晦，韬略。

文师第一

夏振翼：以"文师"名者，见文王而亦有师在也。

今天下岂复有太公其人乎？千古神师，不可复得。然太公不在，而书在。则对《六韬》，犹对尚父（甫）也。

"千古神师"，"神，妙万物而为言也"（《易经·说卦传》），自然界之妙万物，此"妙"字为动词，是先有妙的动词，才有形容词惟妙惟肖，如小毛虫有各种颜色、蝴蝶之美！形容一东西至最高境界，加一"神"字，神笔，将山水之灵气画出。"圣而不可知之，之谓神"（《孟子·尽心下》），如神武，"神武不杀"，用的是"聪明睿智"（《易经·系辞上传》："古之聪明睿知神武而不杀者夫"）。

《六韬》中的"文王"，为周朝的文王，为小康"六君子"之一。"至禹而德衰"，开启"家天下"之局，此后为父传子、兄传弟之政权传递方式，而"禹、汤、文、武、周公、成王"六君子为《礼记·礼运》中"小康"之最，小康的代表。

《孟子·尽心上》称"豪杰之士不待文王犹兴，待文王而兴者，凡民也"，点破：人都差不多，没有什么特殊的，只有孔老夫子特殊。

博学，知一点的唬住不懂的。脑子清楚时，要多记点东西。我今天能记点，真要感谢我母亲，在横竖不知时就要懂大人的事，最是可怜！但小时记的东西永不忘，中年再记就不行了。

文王将田，史编布（摆布）卜。

【注】文王，后稷十二世孙，为商西伯，姓姬，名昌，文，其谥也；王，追称之也。田，狩猎之总名。史编，周太史，名编，掌卜之官也。

"文王"，周文王是死后之谥号。《公羊》的"文王"，何休说是"法其生，不法其死"，可见不是指周文王，是文德之王，人人皆可为文王。

布局，不论是画画，或是打牌，皆必先经此。

"布卜"，先摆布妥当，才能卜卦。"布卜"，有一定格局，不难，但是断卦最难，"卜卦容易，断卦难"。

曰："田（狩猎）于渭阳，将大得焉。非龙非螭，非虎非罴，兆得公侯。天遗（wèi，馈也）汝师，以之佐昌，施（犹'易'，延也）及三王。"

【注】渭，水名，出南谷山，在鸟鼠山西北，东流入于河。水北曰阳。龙，鳞虫之长。螭，似蛟无角，似龙而黄。罴，形似虎，披发人立，乃能拔木，虎亦畏之。

龟卜，常人不可用，用以问国家大事。

兆，"灼龟发于火，其形可占"（《周礼》注）。龟纹，无能以言传，而是当事人能感觉出来的。

"三王"，暗指文王、武王、成王。

文王曰："兆致是乎？"

兆，达到这个境界吗？

史编曰："编之太祖史畴，为舜占，得皋陶（gāo yáo），兆比于此。"

【注】畴，编之始祖。舜，虞帝。皋陶，舜之臣也。

【解】金千仞曰：有非常之遇合，便有非常之兆应。

文王乃齐（斋戒）三日，乘田车，驾田马，田于渭阳。卒见太公，坐茅以渔（钓鱼）。

【注】斋之为言齐也，所以齐其思虑之不齐也。田车，轻车也。田马，追逐疾足之马。卒，终也。茅，草名。

"骑"，打猎与拉车的马不同。以前马的作用，实同于今天的汽车。

"齐"，斋也，在齐其思虑之不齐。斋戒，必找日子，求得宁静，以达诚一，以格神。儒讲"心斋"。

文王劳（去声，慰也）而问之曰："子乐渔（钓鱼）邪？"

太公曰："君子（成德者）乐得其志，小人（未成德者）乐得其事。今吾渔（我之钓），甚有似也。"

【批】太公初遇文王，开口即揭一"志"字，便见渭滨无限经纶，不徒在钓一丝之间。

【注】得其志，谓得其存之志；得其事，谓得其所行之事。乐志者，于渔中有所寓意也；乐事者，于渔中有所得利也。故有君子、小人之分。

【解】太公曰："君子志在天下，惟乐得其所适之志。小人志在一身，徒乐得其所为之事。"

陆经翼曰：士各有志，君子之志无非建大功、立大业，拨乱反正，除暴救民；得之则乐，外此皆非君子之所乐也。

陈大士曰：坐茅垂钓，处之乐得其志也。谅武肆伐，弋商兴周，出之乐得其志也。

"志"，心之所主。士尚志，人贵乎有志，有志者事竟成。

在未得志之前，绝对要下"无所不用其极"的功夫，最重要的是要能耐得住，为志而忍，要"戒急用忍"，不达目的绝不停止。

"乐得其志"，非乐得其事也，于钓鱼中有所寓意也。太公钓鱼，有钓鱼之志，志在钓周文王。

文王曰："何谓其有似也？"

"似"，比类也。

太公曰："钓有三权：禄等（同）以权，死等以权，官等以权。夫钓以求得也，真情深，可以观大（天下之大事）矣。"

【批】太公因文王之问，即揭言其情，见以天下为己任意。

【注】等，相同也。情，性之所发也。

周鲁观曰：一钓且如此，则凡有类于钓者，可举以相通也。宁得谓垂纶为小人之事，而漫无权术于其间哉？

【解】指南：三权有操纵惟我之意。

徐象卿曰：三权不过借钓中作用以为喻，可见钓，天下把柄，全操于渔者之手。

王元翰曰：钓事非深，其中之情则深。得其情之深，则天下之大，可以触类而推。

施子美曰：钓之为事虽微，而其情深远，可以观大。言天下之事，即是而可知也，何小大之拘？……事必有所寓，钓岂其所乐……三权所寓，即钓之情可知也。

意境深美，文章不难！

"钓有三权"，钓必行权，"权"，秤锤，权轻重。"谨权量"（《论语·尧曰》），"巽以行权"（《易经·系辞下传》），"权"要随"时"而变，因人而别，不一而足。"可与适道，未可与权"。

"等"，等量，称量轻重；称贵重物品用"戥"。等齐，等量齐观。

三等权术：一、"禄等以权"，以饵引鱼，等之以禄引士。二、"死等以权"，鱼死于饵，等之士死于禄。三、"官等以权"，鱼为饵来，等之士为官来。社会人之能上钩，在于此。欲达目的，不出此三个办法：诱之以禄、死、官。

"钓以求得"，钓是为了求得，也就是使用的手段。

"其情深，可以观大"，世人莫不好禄、怕死、求官，以此作为权等的对象。情，性之所发，性中之情，非常人之情。必求得其真情，愈得其情深，则可以观天下之大事。

文王曰："愿闻其情。"

愿知其实情。

太公曰："源深而（能）水流，水流而鱼生之，情也；根深而木长，木长而实（果实）生之，情也；君子情同而亲合，亲合而事生之，情也。言语应对者，情之饰也；言至情者，事之极（极致）也。今臣言至情不讳，君其恶（wù）之乎？"

【批】太公承文王之问，而设此目前之全情，以探其源。

【注】饰，文章也。极，至理也。亲合，情意相投，而心

一德也。事生、时至事起，经纶创造也。

定解曰：如桓公之于管仲、汉高之于张良、玄德之于孔明、太宗之于房杜，俱是亲合，所以邦家事业，自是超绝。

施子美曰：盖天下之事，惟其志意相得者，乃可以尽其情，鱼非水则不相得，鸟非木则不相得，事而不得其合，亦何以行其事邪……《书》曰："元首明哉，股肱良哉，庶事康哉。"情同亲合，所以为事生之情也。

"源深"，本必扎深，源深流长。在学术上必要下真功夫，扎下深基，功力下得深，要三更灯火五更鸡，将来才能成事。更，读 jīng，三老五更、少不更事。

"水流而鱼生之"，鱼水之情。情，性之用，真也。

万物皆有情，《易》讲"旁通情""类情"，因人世间即一有情世界。人每天莫不用情、表现情，所以要掌握其情之所在，就可以下类情的功夫，一类一类，以类类之，伏羲"仰观于天，俯观于地，近取诸身，远取诸物"，画八卦，以"通神明之德，类万物之情"（《易经·系辞下传》）。

《中庸》云："喜怒哀乐之未发，谓之中；发而皆中节，谓之和。"发乎情，止乎义，"和顺于道德而理于义，穷理尽性以至于命"（《易经·说卦传》），则情即性、性即情，情与性合而为一，至情至性，性中之情，非常人之情。

"情同而亲合"，情投意合，同志；"亲合而事生之"，志同道合，完全本"性"之所发，性之用，真也。"事生"，经纶创造。"亲合而事生之"，想要创造一番事业，必须有"情投意合""一心一德"者一同合作。

【解】君子情若相同，而自然相亲相合；相亲相合，而事业自然生发，此人之至情也。情者，性之所发。

定解：太公欲言至情，恐文王恶之，故先设此以启其纳也。

施子美曰：情不易见，必托之言语应对之间而后显，盖言为心声也。情动于中，而后形于言，故言语所以饰情也，而至情所言，乃事之极也。盖事以情度，情以言显，情之所至，则事之所极也。

"言语应对"，人的修为、智慧，可自言语应对看出，不可不学。打电话，声音要委婉。

"动容貌，斯远暴慢矣；正颜色，斯近信矣；出辞气，斯远鄙倍矣"（《论语·泰伯》），声音、笑貌皆能动人，发于真情，使对方感到舒服。必要有修为。

文王曰："唯仁人能受正谏（正道之谏），不恶（讨厌）至情。何为其然？"

施子美曰：文王之卜太公，正欲得其至情而与之图事，乌得有恶？故以仁人受至谏为言。

太公曰："缗微饵明，小鱼食之；缗绸饵香，中鱼食之；缗隆饵丰，大鱼食之。夫鱼食其饵，乃牵（牵制）于缗；人食其禄，乃服于君。故以饵取鱼，鱼可杀；以禄取人，人可竭；以家（大夫之家）取国，国可拔；以国取天下，天下可毕。

【批】详言取人、取国、取天下之情。

【注】缗，以丝为之，所以系钓者。饵，钓鱼食也。服，从也。竭，言尽为我用也。毕，言中外咸归也。

陈大士曰：天下之物，尽饵也；天下之物，尽缗也。既已饵之，安得不食？既已食之，安得不牵？看来，世当以"忘情淡欲"为主。

【解】夫鱼惟贪其饵，乃牵制于缗，而不得脱，犹人食君之禄，乃制服于君，而不敢去也。故以香饵取鱼，鱼可杀而食之；以爵禄取人，人亦可尽而用之；以家而取人之国，则其国可据而有之；以国而取人之天下，则天下可尽得而服之也。此皆理势之必至者。

施子美曰：饵之于鱼，各随其大小而取之，则鱼无遗矣！

鱼之所以制于钓者，以食其饵也。

"缗"，以丝为之，所以系钓者；"微"，看不见。"缗微"，看不见的东西才重要，愈能发挥作用。劳动一个人，计策不能使他知道。重赏之下必有勇夫。

"饵明、饵香、饵丰"，货高则价出头。

"以国取天下"，《春秋》"因其国以容天下"，本身先做好了，再谈其他。此段即一部《大学》，诚正修齐治平之道。

"呜呼！曼曼绵绵，其聚必散；嘿嘿昧昧，其光必远。

【批】言文王当顺民之心情。

【注】呜呼，叹辞。曼曼，广远也；绵绵，缠扰也，乃深远固结之意。嘿嘿，寂静也；昧昧，幽暗也，乃韬光隐迹之意。

昔夏桀时，昆吾氏、韦氏、顾氏，一本而生三蘖，其丛盛矣。成汤征之，则散而莫救。人君诚能韬敛迹，遵养时晦，其光华昭著，后必远被。

【解】太公因为之叹兴曰：呜呼！人众之曼曼绵绵者，其丛聚虽盛，而人心不得，则必至于散乱而莫救矣！

施子美曰：天下之理，盛者必衰，翕者必张。

儒学，源于道。

"曼曼绵绵，其聚必散"，广远缠扰，有聚必有散，言顺民心之心情。

"嘿嘿昧昧，其光必远"，韬光养晦，然所照愈远，无所不至。

"微哉！圣人之德诱乎，独见乐哉！

【注】诱，引进也。次，舍也。敛，收聚也。

【解】最微妙者，圣人之以德，引诱天下之人，而人心之归，自有不容已者；此众人所不能见，惟圣人独见于此而乐之哉。故圣人之所谋虑者，盖欲人各归其所处之次舍，而立为收敛人心之法，无使他适焉。

醒宗：以"诱"字说入"德"中，以"德诱"字说入"微"。

张公亮曰："德"字对"术"字看。盖诱以术者，显而易见其为诱，则人心必不为其诱也。诱以德者，微而不知其诱，则人心自忘于其诱也。

周鲁观曰："文王小心翼翼"，惠鲜怀保，皆是以"德诱"也。

施子美曰：天下之事，以微为妙；圣人之德，亦已微矣！惟其微而不可见，此所以能成其大功也。圣人之德，人虽不见，而圣人于其至微之中，而能独见之也。圣人惟能阴修其德，则其所虑者亦已当矣，故乐焉。

"德诱"，以德诱导天下；"独见乐哉"，众人所不见，然人乐于其道。

"圣人之虑，各归其次，而立敛焉。"

【注】次，舍也。敛，收聚也。

施子美曰：惟其虑之也审，故必归其所止之地，而天下可以立敛也。

"各归其次"，舍为次，旅次。人各素其位而行，不务乎其外。
"立敛"，设立收敛民心之功。
宣传，要百姓听的，不要想其他。

文王曰："立敛何若，而天下归之？"

【解】合参：天下至大，天下归至难；收敛人心之法，必非浅数薄效，恃权任术所能致。

如何收敛人心，使天下人归往？

太公曰：“天下非一人之天下，乃天下人之天下也。同天下之利者则得天下，擅天下之利者则失天下。

【批】告文王以收敛人心，而致天下归之之道。

【注】同，公共也。得天下，谓得天下之归心，非必得天下也。擅，专取也。

刘氏曰：孔子罕言利，孟子不言利。太公亦圣人也，而首以利言，何哉？盖太公所谓利者，将欲利乎人，利乎天下也。苟能利人、利天下，而存夫天理之公，何为而不可？

【解】赵克荣曰：天下之利，本天下之民所自有，总是我不夺其所有，即同天下之利矣。

施子美曰：盖得天下之道，不过乎公也。惟公也，故能与天下不可私也。

“天下非一人之天下，乃天下人之天下”，天下为公，公天下，人人皆有士君子之行，人人皆可以为尧舜，《易经·乾卦》“见群龙无首，吉”。可见古时就有此观念。

“同天下之利者则得天下”，“能以美利利天下，不言所利，大矣哉”（《易经·乾卦·文言》）。

“擅天下之利者则失天下”，专天下之利者，则失天下人心。“万物皆备于我”，人人皆有使用权，不可以独占，专天下之利。

"放（fǎng，依）于利而行，多怨"（《论语·里仁》），贪的太多，丢的也愈多。

"天有时，地有财，能与人共之者，仁也；仁之所在，天下归之。

【注】时，生长收藏之时也；财，山林原隰之利也。

【解】天有所宜之时，地有所宜之财。君能顺天之时，因地之财，而与人共之者，仁爱之人也；仁爱之所至，天下自归来矣。

天时、地利，不能专于一人，"生而不有，为而不恃"（《老子·第十章》），才是仁者。

"仁之所在，天下归之"，仁者爱人而无不爱，"仁者无敌"。

"免人之死，解人之难，救人之患，济人之急者，德也；德之所在，天下归之。

【解】合参：仁之所在，怙冒如天，人自不外，故天下归之。

施子美曰：德惟善政，政在养民。

"免人之死，解人之难，救人之患"，神农尝百草，多次中毒。

"德者，得也"，德，美之行也，乃善美、正大光明、纯懿之称。

"德之所在，天下归之"，"为政以德"（《论语·为政》），"苟不至德，至道不凝焉"（《中庸》）。

"与人同忧同乐、同好同恶者，义也；义之所在，天下赴之。

【解】能与众人同其忧患，同其安乐，同其爱好，同其憎恶者，此裁制之恩义也。

施子美曰：义则以宜为尚，忧乐好恶，一合于宜，则必当与之、共之……义者，人之所由，此天下所以赴也。

"同好同恶"，好人之所好、恶人之所恶。

"义者，宜也"，"和顺于道德而理于义"。"义之所在"，"使民也义"（《论语·公冶长》），"义之与比"（《论语·里仁》）。"天下赴之"，赴汤蹈火，在所不辞。"德义足以怀天下之民""兵之胜败，本在于政"（《淮南子·兵略训》）。

"凡人恶（讨厌）死而乐生，好德而归利。能生利者，道也；道之所在，天下归之。"

【解】凡人莫不恶死而乐生，好德而归利。夫能生而能利者，道也；道之所在，天下亦来归之矣！

"恶死而乐生"，连蝼蚁都求生，况人乎？《尚书·洪范》"向用五福，威用六极"，五福：寿、富、康宁、攸好德、考终命；六极：凶短折、疾、忧、贫、恶、弱。

"好德而归利"，"养民也惠"（《论语·公冶长》），"小人怀惠"（《论语·里仁》），不与民争利。

"能生利者，道也"，"利者，义之和也"，"利物足以和义"（《易经·乾卦·文言》），故"道之所在，天下归之"。

文王再拜曰："允哉！敢不受天之诏命（旨意）**乎？"**

【注】允，信也。诏命，天遗汝师之言也。

知之不难，然行之为难。

乃载与俱归，立为师。

施子美曰：太公之德，非可以臣用也，故立为师。此"师尚父"之号所由起也。

文王载太公与俱归，立为师，号曰"尚父"。

　　此章言气化、盈虚、治乱，皆人事所致；人事动于下，天道应于上，人事即天道也。

　　"人事动于下，天道应于上"，法天，天人合一，人事即天道，民心即天心，"天视自我民视，天听自我民听"（《尚书·泰誓中》），"天明畏自我民明威"（《尚书·皋陶谟》），公然不满意时代，暴动由此起。

　　盈虚之数，亦气化之常，不尽关于君之贤不肖；但圣人语常不语变，故尽归之于君；乃文王翼翼，太公敬谨之意。

　　《易·丰》曰："日中则昃，月盈则食，天地盈虚，与时消息。"《五代史·伶官传序》云："盛衰之理，虽曰天命，岂非人事哉？"尽人事，听天命。

文王问太公曰："天下熙熙，一盈一虚，一治一乱，所以然者，何也？其君贤不肖不等乎？其天时变化自然乎？"

【注】熙熙，广大貌。盈、虚、治、乱，指气运言。

"一治一乱"，历代都有几年太平，大抵以乱世居多，不能永远太平。而百姓盼的，是长治久安。

何以一治一乱？臣弑其君，子弑其父，为争权夺位、争天下。"世衰道微，邪说暴行有作，臣弑其君者有之，子弑其父者有之。孔子惧，作《春秋》"（《孟子·滕文公下》），要建立长治久安的制度。

《春秋》分三世：据乱世、升平世、太平世。"治起于衰乱之中"（《春秋公羊传》何注），自据乱世"拨乱反正"，拨除"家天下"，返回"公天下"，解决家天下一治一乱的乱制。

周文王是家天下。

"贤不肖不等"，人事（世）之不齐，有贤愚不肖之等。

太公曰："君不肖，则国危而民乱；君贤圣，则国安而民治

（治平）。**祸福在君，不在天时。"**

【批】言盈虚治乱之理，不在天时，而在人君。

【注】贤圣，兼心法、身法、治法言。祸福，即上盈、虚、治、乱也。

【解】朱鹿冈曰：贤圣不必太分开，总是聪明睿知，省躬克己之主。

施子美曰：盈虚治乱，虽若有数，实人君有以致之也，非天时必然也……天理人事，本一律也。人事尽处，是为天理，不修其所以在人者，而泥其所以在天者，亦惑矣！

中国人认为自己父母是最伟大的，故谦称自己"不肖"，即不似父母之伟大。

"祸福在君，不在天时"，成事在人，"虽曰天命，岂非人事哉"？

文王曰："古之贤君，可得闻乎？"
太公曰："昔者帝尧之王（wàng）天下，上世所谓贤君也。"

【批】太公以帝尧无为之治望文王，见两圣人初无擅利天下之心。

盈虚第二

177

【注】尧，帝喾之子，姓伊祁氏。初为唐侯，升为天子，都平阳，国号唐，尧其谥也。以身临天下，谓之王。

【解】尤尺威曰：帝尧之治天下，无一不俭己自奉，无一事不与民计安危，诚所谓贤君也。

"帝尧"，"帝"，主宰义，有个主宰尧。以后称"某帝"，此"帝"为名词。

尧，初为唐侯，升为天子，都平阳，国号唐，尧其嗣。唐尧，中国人称唐人。海外"唐人街"，是指唐尧的"唐"。

文王曰："其治如何？"

任何东西，都有窍门。昔拜师，即在学绝招，最机密处。

太公曰："帝尧王天下之时，金银珠玉不饰，锦绣文绮不衣。奇怪珍异不视，玩好之器不宝，淫佚之乐不听，宫垣屋室不垩（è），甍桷椽楹不斫，茅茨遍庭不剪。鹿裘御寒，布衣掩形；粝粱之饭，藜藿之羹。不以役作之故，害民耕织之时。削心约志，从事于无为。

【批】言帝尧之自治。

【注】垩，以白土饰墙也。甍，屋栋所以承瓦者；桷，角柱也，秦名为椽，周名为榱，鲁名为桷；楹，檐柱也；斫，雕刻也。茅，草名；茨，蒺藜也。鹿裘，裘之贱者。粝，粗米也；粱，谷名，似谷而大。藜，一名落带，初生可食；藿，鹿藿也，即今之绿豆叶。役，役使；作，工作也。削，治也；约，省也。无为，兼治身治民而言。

施子美曰：帝尧之世，以崇俭为德，以务本为业，以任人为能，以扬善为尚，以防民则有法，以恤民则有政，以驭下则有权，以奉养则有节。

"王天下"，"王"，读 wàng，为动词，主也。天下归往，谓之王（wáng），名词。

"奇怪珍异不视"，眼睛是惹祸的根苗，看上就喜欢，"非礼勿视"（《论语·颜渊》），"视思明"（《论语·季氏》）。

"淫佚之乐不听"，"非礼勿听"，"听思聪"，闻其乐而知其政。

"茅茨遍庭不剪"，"绿满窗前草不除"，因其富生机。

"鹿裘御寒"，狗皮最温暖，貂皮虽暖但价昂，猎时必伪装才能猎着。

施子美曰：居苟可安，不肯以役作之事，妨民耕织之时。

"害民耕织之时"，昔农业社会男耕女织，"使民以时"（《论语·学而》），"不违农时"（《孟子·梁惠王上》）。

"削心约志"，削，治理；约，约束，"约之以礼"（《论语·雍也》）。志，心之所主。治心约志，不骄不奢，节之以礼。

"博我以文"，一事不知，儒者之耻，必要无所不学，什么书都看，多知道事情。但不能泛用书中所得，"约我以礼"（《论语·子罕》），以礼约己所学之文。

《大学》先"诚意正心"，"志"不同于"妄想"，要切实际，有志必"切"志。能力所不及之志，亦不切志。"行远必自迩，登高必自卑"，"卑""迩"皆切身功夫。能手，无所不能。

【解】指南：无为，不是一无所为，只是削心约志，不以多事自扰，即不以多事扰民，所谓"垂裳恭己"是也。

"从事于无为"，顺自然而为之，"道不远人，人之为道而远人"（《中庸》）。"恭己正南面而已矣"（《论语·卫灵公》），最难的功夫！"人同此心，心同此理"，因"无为"，顺民之情、顺民之欲，故能打成一片。

今人缺乏"无为"之智，各显聪明，愈弄愈乱。无为，有守才能有为。

"正万民之所欲"，欲，乃喜怒哀乐之发，即情。《春秋繁露·俞序》曰："仲尼之作《春秋》也，上探正天端、王公之位、万物民之所欲，下明得失，起贤才，以待后圣。"类万物之情，使万民对"欲"有个标准，无形中使之有同一嗜好，就好领导。

"吏，忠正奉法者，尊其位；廉洁爱人者，厚其禄。

【批】言帝尧之治吏。

【注】位，官爵；禄，廪饩（俸禄）。

施子美曰：尊位厚禄，以待臣下，此以任人为能也。

忠，尽己之谓。正，"政者，正也。子帅以正，孰敢不正？"（《论语·颜渊》）

"尊其位，厚其禄"，《中庸》称"官盛任使，所以劝大臣也；忠信重禄，所以劝士也"，衣食足，才能做事，不管地位高低，吃饭是一样。

"民有孝慈者，爱敬之；尽力农桑者，慰勉之。旌别淑慝，表其门闾。

【批】言帝尧之治民。

【注】旌，表扬；别，不使淆。淑，善也；慝，恶也。表其门闾，无非劝善惩恶之意。

父慈子孝，父子都得相敬，他小时你能慈，父慈，子才能孝。父子之亲，都如此，多可怕!

中国相对的思想，"父不慈，子不孝"，非"子孝父慈"，"孝"自"慈"来的，"前三十年，看父敬子；后三十年，看子敬父"。

"旌别淑慝，表其门闾"，表彰善德，昔立"贞节牌坊"，今用"模范母亲"。

"平心正节，以法度禁邪伪。

【批】言帝尧之辟邪伪。

【注】平其心，不偏颇；正其身，使合节度。贤君能平心正节，则天下无不平，无不正矣。

【解】定解：平心，心法也，如"钦明文思安安"者是。正节，身法也，如"允恭克让"者是。

"节"，竹子有节，一节一节。"节"，表面上分节分断，实际上各节各段之间有连锁关系。

"邪"，易看出；"伪"，不易看出，如乡愿、色庄、伪君子。

"所憎者，有功必赏；所爱者，有罪必罚。

【批】言帝尧之明赏罚。

【注】憎，恶也；爱，好也。必赏、必罚，见执决之公也。

"王子犯法，与庶民同罪"，此道理浅，但做到却不易，而古人有如此者。

"存养天下鳏、寡、孤、独，赈赡祸亡之家。其自奉也甚薄，其赋役也甚寡。故万民富乐，而无饥寒之色。

【批】言帝尧之恤民隐。

【注】赈，救济也；赡，足也，养也。

"鳏"，老而无妻；"寡"，老而无夫；"孤"，幼而无父；"独"，老而无子：四者皆天下之弱势者。"赈赡祸亡"，救济祸患丧亡，济弱扶倾。

"自奉也甚薄，其赋役也甚寡"，"惟以一人治天下，岂为天下奉一人"。行的方法不同，但原则用得上。

"百姓戴其君如日月，亲其君如父母。"
文王曰："大哉！贤君之德也。"

【批】言当日之民，共戴共亲，而文王又赞美之如此。

盈虚第二

183

【注】戴，尊奉也。亲，如《孟子》"亲其上"是也。其君，指帝尧而言。大哉，叹美之辞。

朱鹿冈曰：太公论盈虚，而归之人君。盖以拨乱反治之事望文王。复以帝尧为言者，见德必若帝尧，方可挽回天道也。

【解】周鲁观曰：开天辟地，惟尧为大，学尧者，便当学其大。

"唯天为大，唯尧则之"，尧，"与天地合其德"，则天而有大成就，《尚书·尧典》"钦、明、文、思、安安"，称尧的功业。

施子美曰：文王既闻其言，得不深嘉而盛美之欤？故曰：大哉！贤君之德。

孔子赞美尧："大哉，尧之为君也！巍巍乎，唯天为大，唯尧则之。荡荡乎，民无能名焉。巍巍乎，其有成功也；焕乎，其有文章。"（《论语·泰伯》）尧则天，在政治上有成就，孔子删《书》首《尧典》，曰："昔在帝尧，聪明文思，光宅天下。"尧为"文祖"，为政的祖师爷。以尧作为政之典范，故有《尧典》。

"务"，当务之为急，急所当务。"国务"，国之所当务。

言为国在爱民；而所以爱民处，在利之、成之、生之、予之、乐之、喜之六事。下复详言，所以然之故。一正一反，深切著明。末复总言"爱民"之实，故以"道"字结之。

"为国在爱民"："为国"，治国；"爱民"，"民惟邦本，本固邦宁"（《尚书·五子之歌》），"《春秋》重人，诸讥皆本此"（《春秋繁露·俞序》）。

文王问太公曰："愿闻为（治）国之大（重要）务（当务），欲使主尊人安，为之奈何？"

【解】增："大务"照下"爱民"言，但不可直直说出。

施子美曰：王者不能自尊，以有民而后尊；民不能自安，以得主而后安，是以尊主安人之道，必先于爱民，盖爱民者，人常爱之，此所以人安而主尊也。

"主尊人安"，主不失其尊，而百姓安居乐业。

太公曰："爱民而已。"

【注】爱民则人安，人安则主尊，为国之大务，尽于是矣。
【解】指南：主如何尊，惟人安而后尊之也。使人不安，主即欲自尊，无由而尊。故欲主尊人安，必自爱民始。

仁者爱人而无不爱。为政，仁政，爱民而已。
个人之行为，则曰仁德。

文王问曰："爱民奈何？"
太公曰："利而勿害，成而勿败，生而勿杀，予而勿夺，乐而勿苦，喜而勿怒。"

【批】因问为国之大务，而告以六事，为爱民之纲领。

施子美曰：爱民之道无他焉，必本之人情也。

六事：利之、成之、生之、予之、乐之、喜之，此爱民之要术。

文王曰："敢请释其故？"

要知其所以。

太公曰："民不失务，则利之；农不失时，则成之；不罚无罪，则生之；薄赋敛，则与（给予）之；俭宫室台榭，则乐之；吏清不苛扰，则喜之。

【批】详言六事之实。

【注】民得常生之业，所以利之。农得耕种之时，所以成之。刑不加无罪之人，所以生之。薄税敛以裕民财，所以与之。省兴作以宽民力，所以乐之。官清事简，民安如故，所以喜之。

"不失务"，当务之为急，不耽误其应做之事。

"不失时"，不害、不夺、"不违农时"（《孟子·梁惠王上》），"使民以时"（《论语·学而》）。

"不罚无罪"，生民之道，不有冤狱。

"吏清不苛扰"，重吏治，任贤才，外行领导内行则苛扰。

"民失其务，则害之；农失其时，则败之；无罪而罚，则杀之；重赋敛，则夺之；多营宫室台榭，以疲民力，则苦之；吏浊苛扰，则怒之。

【批】反言六事之害。

【注】反言之，欲为国而不爱民者，鉴且戒也。

【解】为吏者，昏浊而苛刻扰害其民，则怒之也。

六事之害：害之、败之、杀之、夺之、苦之、怒之。

"故善为国者，驭民如父母之爱子，如兄之爱弟；见其饥寒则为之忧，见其劳苦则为之悲。赏罚如加诸身（同其哀乐），赋敛如取诸己：此爱民之道也。"

【批】结上文，见君子爱民之真心。

【注】驭，抚驭也。

张泰岳曰：民情即子情，国道即家道。

此节形容君子爱民之心，可谓极矣……《大学》言"君子絜矩"，正是此心。

【解】周鲁观曰：爱民之道，是总结上文语。看忧饥寒等句，则一忧一悲、一身一己，皆道之所在。

《合参》：此真实爱民之道，即真实为国之道。

施子美曰：盖有恤民之心者，必有恤人之政，此其道也。

此即《大学》所谓"絜矩之道"，推己度人，"己所不欲，勿施于人"，"己欲立而立人，己欲达而达人"（《论语·雍也》）。

大礼第四

见君臣之定位，本于乾坤。成象以来，已自截然而不可易。先王制礼，本乎人情，其秩然有序，严而有别，莫过于君臣之间。

"君臣之定位，本于乾坤"，此自《周易》，是"乾坤"取代"阴阳"后的思想。

人君之能立乎其位者，惟不慢不骄，无忌无刻，乃可以正己而正人。至听德之聪，在于心之虚衷以应；视远之明，在于不自用而用人。君道之大端，尽于是矣。

"政者，正也"（《论语·颜渊》），"正己而正人"，"不自用而用人"。治国之道，尽在于此。

文王问太公曰:"君臣之礼如何?"

太公曰:"为上惟临,为下惟沉。临而无远,沉而无隐。为上惟周(周遍),为下惟定(安守);周则天也,定则地也。或天或地,大礼乃成。"

【批】言君臣之礼,等于天地。

【注】临,莅也。沉者,谦抑之意。远,与民疏隔也;隐,藏匿欺蔽也。无远,则迩于情;无隐,则忠于事。周,普遍也;定,安守也。用恩周,即"敬大臣""体群臣"之旨;守定分,则堂陛冠履之必严。君则天,如"天无不覆"也;臣则地,如"地有常职"也。然又须上下通情,如天地之交泰,乃可以言"礼"。

【解】为上之礼,惟在于临莅,以其居高也;为下之礼,惟在于沉伏,以其处卑也。

施子美曰:君以知为职,惟智乃能临,故为上在乎临;臣以顺为职,惟顺乃能沉,故为下在乎沉。

"为上惟临",君临天下,面对老百姓。

"为下惟沉",压抑自己之不平,沉而必稳,不敢说真的,把八股念一遍。

施子美曰:以上临下,则易至于势隔,故临者不可远,又欲亲乎其臣也；下沉而顺，则易至于不言，故沉者不可隐，又欲尽言于上也。

"临而无远"，一个人真敢面对事实，就成功了。

"沉而无隐"，谦抑可以，但必说的话仍当说，要无所隐瞒。

施子美曰："为上惟周"，则以其运动而为谋也；"为下惟定"，则以其静守不变也。君之周，所以法天，盖以"乾道行健，君子以自强不息"，有得乎是也；臣之定，所以法地，盖以"地势坤，君子以厚德载物"，有得乎是也。

"周则天"，周，"周而不比"（《论语·为政》），天无私覆。

"定则地"，地无私载，安居乐业乃能定，各安其业。

尧舜，公天下，"天下非一人之天下，乃天下人之天下"，为天下得人才，"选于众"（《论语·颜渊》），推贤用能，"贤者在位，能者在职"（《孟子·公孙丑上》）。

文王曰："主位如何？"

一个领导人应如何做事？

在其位，必谋其政。

太公曰："安徐而（能）静，柔节先定（诚）；善与（给）而不争，虚心平志，待物以正。"

【批】言履尊位之礼。

【注】安，安详也；徐，徐缓也。静，不妄动也。柔，和柔；节，有制。先定，不二三也。与，施与；争，争利。虚心，不自满假之意。平志，无有私曲也。以正，谓无偏党之私。

徐象卿曰：心虚无满假，则德日进于高明；志平无私曲，则其德日臻于坦易。以此待物，自无偏党之私。

"安徐而静"，《大学》之基，安己位，素己位而行，不务乎其外。

"徐"，缓也。读书，要慢不要急，"缓"字功夫不易！自安徐以达"静"。《大学》知止，而后有定、静、安、虑、得，皆自得也，"无入而不自得"。

"柔节先定"，"柔"，不刚；"节"，恰到好处，谨守分寸：不刚而中节；"定"，"定于一"，诚也，"诚者，天之道"。

"善与而不争"，遍也，不偏，"周而不比"，"无偏无党（朋党），王道荡荡（坦荡平易）；无党无偏，王道平平（biàn，采，辨治也）"（《尚书·洪范》），不偏党，故不争。

"虚心平志"，愈虚心，愈能接受别人，愈觉自己不足。学问深了意气平，"志，气之帅也"，志就平，心之所主为志，"志至焉，气次焉"，"持其志无暴其气"（《孟子·公孙丑上》）。在什么环境怎么活，就不会生气。

"待物以正"，物，包含人、事，以正待物。处世要以"正"，有偏好就不正。一切都不过问，太消极；一切都过问，太积极。

最会给百姓的，"体民之所需"，需要什么给什么，百姓才感谢，百姓怀惠。

文王曰："主听如何？"

一个领导人如何听事？

《尚书·洪范》"听曰聪""聪作谋"。听事，一切所闻。听情报，与听是非，两回事。人生没有真是非，是非者就是是非人。

"舜好问而好察迩言"，即听之道，以此成其大智。大智，并非天生的。

太公曰："勿妄而许，勿逆而拒；许之则失守，拒之则闭塞。

【批】言人主聪听之礼。

【注】勿，禁止之辞。妄，罔也；许，许可也。逆，迎也；拒，拒绝也。

"勿妄而许"，虚妄而推许，此常人之毛病。

"如有所誉者，其有所试矣"（《论语·卫灵公》）。人要偏激，一生受害。知自己毛病，要躲之。

"勿逆而拒"，逆料人与事，乃纯主观；推测人不善而拒绝之。

领导社会者应"广听"，各方面都听，不能"偏听"，有反应就必接受，裁决则在自己。

"许之则失守"，之，助词；推许，则失己应守之分寸。

"拒之则闭塞"，拒绝，则闭己之聪听，谏诤不至。

环境叫你能，你就必能，不要太骄，养成坏习惯。穷人养骄子，英雄少出于世家。

"高山仰止（之，语助词），**不可极也；深渊度之，不可测也。神明之德，正静其极。"**

【注】神明，心也；德，心之德也。不偏不倚，之谓正；无思无虑，之谓静。

王汉若曰：正静，则天下之邪说诐行，不得以感我，不得以乱我，何不能听之有？

【解】臧云卿曰：应酬万变者，神也；辨别众理者，明也；荡平无党者，正也；镇定不摇者，静也。

衷旨：总见人君听言，尤以"治心"为本。

"高不可极，深不可测"，世事变迁，难以穷极。穷极，穷，究也；研究到了极致。

活一天，干一天，是责任。看清道理，心理平坦。

"神"，"妙万物而为言者也"；"明"，"大明终始"（《易经·乾卦》）。"神明之德"，生生不息之德。

"正静其极"，正，止于一，止于元，止于至善；静，心无外欲，宁静以致远。

文王曰："主明如何？"

为人主必得"明"。

《论语·颜渊》："子张问'明'。子曰：'浸润之谮，肤受之愬，不行焉，可谓明也已矣。'"

太公曰："目贵明，耳贵聪，心贵智。以天下之目视，则无不见也；以天下之耳听，则无不闻也；以天下之心虑，则无不知也。辐辏并进，则明不蔽矣。"

【批】言人主视远之礼。

【注】辐辏，谓车辐，共凑于一毂，合聚之义也。蔽，遮掩也。

皇甫朏曰：合聪明睿知，而后可以言精明。然非以天下，则不能无蔽，能用天下之耳目心思，则贤者交相忠告，而人主之明，可无壅蔽矣。

施子美曰：此言人主在于兼听广览，然后可以益其明……所以能广者，非一人能自足也，兼天下之心耳而为之也。若是，则天下之人，皆将乐告以善，故辐凑并进，而明不蔽。

"目贵明"，《尚书·洪范》"视曰明，明作哲"，视明，"非礼勿视"；哲，知人则哲。《中庸》"明辨之"，是非要看得分明。

"耳贵聪"，"听曰聪"，声入心通，"耳顺"；"聪作谋"，谋，某人之言，兼听广纳，志无不通。是非、善恶必听得清楚，听完就知其所以。

"心贵智"，"思曰睿"，心作良田耕之，智由思致；"睿作圣"，睿智，智者不惑于欲。

"古之聪明睿智，神武而不杀者夫"，神武的境界，太公是最早的"武圣"。武庙，太公为主祭，其余配祀。

"以天下之目视"，天视自我民明视；"以天下之耳听"，天听自我民明听；"以天下之心虑"，以天下之智虑为智虑。舜"好问而好察迩言"，"善与人同，舍己从人，乐取于人以为善"（《孟子·公孙丑上》），用众人之智，以成其明智。

辐，车轮中之木有三十，使车运行；辏，毂，车轮中心。"三十辐，共一毂"（《老子·第三十一章》），车辐聚于毂。"辐辏并进"，既能负重又能致千里，喻贤者交相进于前，"则明不蔽也"。

皆自明也，皆自强也，别人怎么灌输也没用。

任何东西必真学，慎思明辨后，才能立说。人云亦云，有何学问？愈肤浅，愈浮躁。一躁，判断事情易出差错。心静处事，才能不偏不倚。

清朝皇帝都读书。曾文正在兵马倥偬之际，犹能做功课，看《曾文正公全集》有多少？男孩子当好好读，将相本无种，男儿当自强。

你们每天至少要读一个小时的书，慢慢也会有所得。人皆非生而知之者，孔老夫子"好古，敏以求之"（《论语·述而》），"不如丘之好学也"（《论语·公冶长》）。巧取，盗得虚名容易，但名有了，后继无力，也难以为继。

开卷有益。了解自己环境很愉快，读读书，当消遣，很芬芳，精神好。

阐明帝王道法、心法，以为一代之治统。

《大学》与《中庸》是中国两部最有系统的政治哲学，能烂熟在胸，则于做事大有帮助。

文王寝疾，召太公望，太子发在侧。

【注】发，武王名。

曰："呜呼！天将弃予，周之社稷，将以属（zhǔ）汝。今予欲师（学习）至道之言，以明传之子孙。"

【批】文王询太公，以传后之道。

【注】属，付托也。汝，指太公。

此"家天下"思想，境界之高低可见。

太公曰："王何所问？"

文王曰："先圣之道，其所止，其所起，可得闻乎？"

【注】止，息也；起，行也。

指南曰：至道以执中为主。又曰：道之所在，中而已矣。

"其所止，其所起"，止于何处？起于何处？

"闻"，知也。"子路有闻，未之能行，惟恐有（又）闻"（《论语·公冶长》)，是"知行合一"的祖师爷，被王阳明偷去，提出"知行合一"学说。

太公曰："见善而怠，时至而疑，知非而处。此三者，道之所止也。

【批】明道之所止之义。

【注】怠，惰慢也。疑，不果也。处，惮改也。

太公谈用世之道。

"见善而怠"，懒先从心，心中无力，故不进步。

"时至而疑"，此常人也，没有专学，怎能不疑？"筑室道谋，三年不成"，"后夫凶"（《易经·比卦》）。圣人不能生时，但时至而不失之。"圣"与"凡"之分，在此。必要有专修，以一个为主，才能用上。

"知非而处"，明知不对，还处之泰然。

能行的才叫道，索隐行怪非道。用世之道。真做事，很不容易。

"**柔而**（能）**静，恭而敬，强而弱，忍而刚。此四者，道之所起也。**

【批】明道之所起之义。

【注】柔，和顺也；静，沉潜也。恭，以容言，见乎外者也；敬，以心言，主乎中者也。强，勇毅也；弱，谦卑也。忍，含容也；刚，果决也。

合参曰：道，谓治国安民之道也。四者未便是道，乃其入门处。

这四句，都是在说"有为"，在任何团体皆用上。

解"柔顺而能沉静，则有守"，此解没有深意。

柔能静，柔不是顺，还要冲着来，柔能克刚，柔不从欲，"弑父与君，亦不从也"（《论语·先进》）。"仁者静"，"仁者乐山"（《论语·雍也》），"泰山崩于前而色不变，麋鹿兴于左而目不瞬"（苏洵《心术》）。山无法搬家，是功夫。

解"恭主容，敬主事"，此解太浅。

"恭而敬"，恭，不懈于位，又能敬事，不是打躬作揖，能慎始诚终，"恭而安"。

"强而弱"，强、弱，是比较的，强干就能弱枝。为政者必言行一致，不能有偏僻的毛病。

"忍而刚"，"忍"字头上一把刀，"刚"字亦有刀。将刚忍而不现，此"忍"的功夫。

"道之所起"，道之所兴。

"故义胜欲，则昌；欲胜义，则亡。敬胜怠，则吉；怠胜敬，则灭。"

【批】告文王以至道之言。

【注】义者，天理之公，欲者，人情之私：二者就行事言。敬则万善俱立，怠则万善俱废：二者就存心而言。道之所止，欲胜、怠胜也；道之所起，义胜、敬胜也。

尧之命舜，曰"允执厥中"；至舜命禹，复以"人心、道心"之三言者，盖以中之为道，汩于人心之危者，易陷；陷于道心之微者，难明。故必察之以精而不杂，守之以一而不离，则危者安，微者著，自无过不及之差。此十六字之传，为万世心学之要也。

【解】句解：义欲之分，只在"几希"之间。

王汉若曰："敬"与"怠"，原判然不容两立，故恒相为克。"胜"字极有力。

家道必"正"，就是小两口过日子，也得按规矩行事，不可以从"欲"，想怎样就怎样。齐家，"齐家以礼"，齐家而后家齐。

家中每个人都必要读书，日久就能生智慧，家中也可以减少不愉快事情的发生。必要有智，以书养智，非不能，而是不为也。无病不死人，无病不败家，无病不亡国。

六守第六

此章言君国主民者，当谨所与，而后君隆国定而无失。

通章，只以亲贤爱民为主。

此文意境宽，提炼特精，真太公之文也。

文王问太公曰："君国主（掌管）民者，其所以失之者，何也？"

太公曰："不谨所与也。人君有六守、三宝。"

【批】一章之大旨。

【注】所守有六、所宝有三，皆用人之术，正谨其所与者也。

"谨"，敬谨。没能敬事，乃懈于位。

"所与"，祖宗所给予的。

文王曰："六守者何也？"

施子美曰：六者以其出于人臣之所操守，故谓之六守。

太公曰："一曰仁，二曰义，三曰忠，四曰信，五曰勇，六曰谋，是谓六守。"

【批】列言六守之目。

【注】本心全德谓之仁，处物得宜谓之义，尽己之谓忠，以实之谓信。刚毅有为，勇也；筹划万变，谋也。

【解】句解：六守，乃为我共守此天下国家之人。

仁者爱人，义者正己，主忠信，勇者不惧人势，好（hǎo）谋能成。

文王曰："慎择六守者何？"

如何选拔人才？

太公曰："富之，而观其无犯；贵之，而观其无骄；付之，而观其无转；使之，而观其无隐；危之，而观其无恐；事之，而观其无穷。

【批】言择六守之术。

【注】犯，逾礼也。骄，倨傲也。转，异志也。隐，欺蔽也。恐，畏惧也。穷，计尽也。

【解】臧云卿曰："富之、贵之、付之、使之、危之、事之"六句，真是用人取才之术。

"富之，而观其无犯"，"富而好礼"；"贵之，而观其无骄"，"贵而无骄"。

"使之"，奉命出使到远方。"观其无隐"，观其有无欺隐之事。

"事之，而观其无穷"，"授之以政，不达；使于四方，不能专对"（《论语·子路》），焉能应无穷？"穷则变，变则通，通则久"，要有穷变通久之智，权权圣时。

"富之而不犯者，仁也；贵之而不骄者，义也；付之而不转者，忠也；使之而不隐者，信也；危之而不恐者，勇也；事之而不穷者，谋也。

【批】详言六守之实。

【注】以仁守，而国不伤于暴戾。以义守，而国不沦于紊乱。以忠守，而国不受其奸欺。以信守，而国不二于诈伪。以勇守，而国不失于柔懦。以谋守，而国不虑于奸宄。

"富之而不犯"，富之以财，而不犯礼，"贫而乐，富而好礼"（《论语·学而》），"仁也"。

【解】贵之以爵，而不骄者，能遇事裁制，其人必义也。

"贵之而不骄"，贵之以爵而不骄，"义也。"

"付之而不转"，付以重任，而无转托他人，能尽事，尽己之谓忠。

"使之而不隐"，使之行事，而无欺瞒，"信也"。"信则人任焉"（《论语·阳货》）。

有人因天高皇帝远，没将办事结果报告，甚至欺君罔上。

"危之而不恐"，危之以险难，心理能无恐惧，"勇也"。勇者不惧人势。

【解】间之以事变，而计无穷竭者，必能长于应事，是其有谋也。

"事之而不穷"，间之以事变，应之无穷者，"谋也"，"必也临事而（能）惧，好谋而（能）成者也"（《论语·述而》）。

"人君无以三宝借人，借人则君失其威。"

"君子威而不猛"（《论语·尧曰》），威以震慑。《易经·震卦》"震惊百里，惊远而惧迩"。

平日就要养威，男孩子坐要有坐相，腰要挺直，有慑人之气。最低限度要不助人为恶。

文王曰："敢问三宝？"
太公曰："大农、大工、大商，谓之三宝。

【批】列言三宝之目。
【注】王元翰曰：三宝借人，谓人君陵虐之甚，农、工、商皆散而之四方，适为敌国资也。

施子美曰：孟子尝曰："诸侯之宝三：土地、人民、政事。"则人民之可宝也明矣！

"农一其乡，则谷足（足食）；工一其乡，则器足（给用）；商一其乡，则货足（可通有无）。三宝各安其处（所处），民乃不虑。无乱其乡，无乱其族。臣无富于君，都无大于国。

【批】详言三宝之实。

【注】一，聚集也，谓安其处也。不虑，无所忧虑也。乱，悖逆争斗也。邑有先君之庙，曰都。人君所居，曰国。《礼记》："制：国不过千乘，都城不过百雉，家富不过百乘"，即此意也。

【解】句解：安其处，即一其乡也。各安者，不见异物而迁也。

施子美曰：农安其居，则可以足食，故农一其乡则谷足；工安其居，则可以给用，故工一其乡则器足；商安其居，则可以聚货，故商一其乡则货足。是三者既安其处，则民有常业，宜其无他虑也。三者既异其居，则无乱其乡，而无乱其族。昔者管仲分国为二十一乡。农工商各有所居，使农之子常为农，工之子常为工，商之子常为商，长游少习，不见异物而迁，则其乡与族，必不乱也。

"各安其处"，安居乐业，安土重迁。《孟子·滕文公上》："民之为道也，有恒产者有恒心，无恒产者无恒心。苟无恒心，放辟邪侈，无不为已。"

施子美曰：臣不可富于君，都不可大于国，是又以上制下，以大制小，不可使之越分也。如齐之田氏，则富于君矣；郑之京城，则大于国矣。岂先王所以望后世耶？

《论语·先进》云："季氏富于周公，而求也为之聚敛而附益之。子曰：'非吾徒也。小子鸣鼓而攻之可也。'"对助人为恶者，鸣鼓攻过。

"都"，诸侯子弟之封邑。"国"，天子所居之地。

孔子为鲁大司寇，派子路堕三都——季孙氏费邑、孟孙氏郕邑、叔孙氏郈邑。

"六守长，则君昌；三宝完（全），则国安（本固邦宁）。"

【批】总上文有六守、三宝之意。

【注】题炬曰：人君有守，必先之以心；有宝，必先之以政。然后贤可为我守，民可为我宝也。

施子美曰：故六守长，则国昌，以其得士者昌也；三宝全，则国安，以其本固邦宁也。

【解】衷旨：三宝全，从人君爱养得来。农、工、商，既为人君之宝，倘不爱之养之，势必散而之他国，而宝为人有矣，尚望其全乎？

张泰岳曰：农工相资，财利足用，三者治国安民之重务，使其有一之或阙，则国储、国用、国赋无自而出；而惟其全焉，则国富兵强，于以御灾消乱，有不期安而自无不安者矣。

贤才众多则国家昌盛，农工商发达则国力充足。《史记·齐太公世家》："太公至国，修政，因其俗，简其礼，通商工之业，便鱼盐之利，而人民多归齐，齐为大国。"足以为证。

管子治齐，务富国安民，"俗所欲，因予之；俗所否，因去之"，论卑而易行。显见太公思想对管子治齐，亦多所影响。

守土第七

"国（國）"字，每一口执戈以保卫疆土，每个人皆有守土之责，"国家兴亡，匹夫有责"。现在有许多有钱人跑到美国，失策。

国君不可离京城，必与京城共存亡，引起每个人"守土"之心。

国家不能老是迁都，必有与国都共存亡之心，临危难才能复兴。

言保守疆土者，在得亲众之心；而所以得亲众之心，则在明仁义之用。所谓仁义者，非一味姑息，须宽中有严，权自我操，足令臣下畏而爱之，则疆土自可长守无虞。威福之柄，人主所以驾驭一世者也。故曰"富"，又曰"施"，而归重于"君德"。

《春秋繁露·仁义法》曰："仁之法在爱人，不在爱我。义之法在正我，不在正人。我不自正，虽能正人，弗予为义。人不被其爱，虽厚自爱，不予为仁。"仁者爱人，仁者无不爱，没有分别心，能得众时，所以"仁者无敌"。

文王问太公曰："守土奈何？"

太公曰："无疏其亲，无怠其众；抚（安）其左右，御（统）其四方。无借人国柄；借人国柄，则失其权。

【批】人主守土，惟在亲贤驭众，尤当自揽其权，而不可借人以利器。

【注】守土，保守疆土。疏，远也。亲，九族之亲也。怠，忽也。众，人民也。柄，权柄，如生、杀、予、夺是也。

此一节就统御而言。

"无疏其亲"，无疏远九族之亲，否则将自立为王。

昔分封诸侯，如不能合其亲，则将割地自立，而分崩离析。今天谈不上。

《中庸》云："尊其位，重其禄，同其好恶，所以劝亲亲也。"

"无怠其众"，应勤于民事，不可对百姓事懈怠，就是小村长也必要勤于民事。《中庸》称："忠信重禄，所以劝士也；时使薄敛，所以劝百姓也；日省月试，既廪称事，所以劝百工也。"

"抚其左右，御其四方"，不因近臣而对之有马虎，要爱抚左右，则近悦远来。《中庸》所谓"送往迎来，嘉善而矜不能，所以柔远人也"。

【解】国有威权，犹器之有柄也；无以国柄假借于人。若以国柄假借于人，则丧失其威权矣。

施子美曰：守土之道，以人而固，以权而重。"无疏其亲，无怠其众"而下，皆以人固也。"无借人国柄"，是又以权重也……柄者，上之所执，而下之所从也，不可以借人；借人则失其权，是倒持太阿，授人以柄也。既得其所以制人之权，则其于守土也亦宜矣。

"柄"，手把，把持。"国柄"，操持之重权，生杀予夺之所在。

"借人国柄，则失其权"，乃大权旁落。国家大权，不假他人之手。

当事才有权，不当事则什么都没用了。

"无掘壑而附丘，无舍本而治末。

【批】制事贵得其要。

【注】壑，深溪也。丘，高阜也。本，农桑也。末，技巧也。

言欲掘壑而反附丘，为下不因川泽也；舍其本而治其末，逐末而忘本也。皆创制于难也。此二语，就制事言。

"无掘壑而附丘"，挖深沟，千万不要在山丘旁。

临山以为高，当务之为急，要借地利，天时不如地利。专家才知地利所在，能尽其地利。

"无舍本而治末"，不可以舍本逐末，每个时代皆有其本末，《大学》谓："物有本末，事有终始。知所先后，则近道矣！"

学生在学校读书是本，出校门就是活动的时候，不要本末倒置。出校门才想读书，书到用时方恨少。

"日中必彗（光芒四射），操刀必割，执斧必伐。日中不彗，是谓失时；操刀不割，失利之期；执斧不伐，贼人将来。

【批】守土者，不可失事机之会。

【解】日至中天而不彗，是谓失可乘之时；操刀而不能割，是谓失锐利之期；执斧而不能伐，贼人将来害之矣。

施子美曰：是皆不断之过也。

"执斧不伐，贼人将来"，别人亦知人，要知己知彼。

一切成就都在自己本身，本身如不能发挥作用，客观环境就逼迫你。

"涓涓不塞，将为江河；荧荧不救，炎炎奈何（无可奈何）**？两叶不去，将用斧柯。**

【批】守土者，当防微而杜渐。

【注】涓涓，小流也。荧荧，灯烛之火。两叶，木初生也。柯，斧柄也。此喻言操国柄者，时之不可失，而事之不可不早图也。

施子美曰：事不可以不防微，履霜有坚冰之戒，挑虫有维鸟之成，微其可不防乎？

在事未发生之前防未然，最高策。祸患如未能防阻，也不能放弃。

家庭中小两口过日子，有小毛病就应快快止住。"男人要坏，四十开外"，这是一旦坏了，止不住，就一辈子转不过来，因此时事业多少有点基础了。

女孩子要训练自己，什么都要会，要有长远之谋。知对方之好恶，要投其所好；必要有所长，才能维系家庭。

人的感情是最脆弱的，就喜新厌旧，好新鲜的。所以，女孩必要学几道拿手菜，以擒住家人的心。不能只是盲目地"爱"，此永不能扎下基础，必要有"不二法门"，令家人对"家"不生厌，"恒，杂而不厌"（《易经·系辞下传》）。

"是故，人君必从事于富；不富，无以为仁。

【批】申言前无舍本之意。

【注】富，指富民言。民富，则熙熙皞皞，而兴仁矣，所谓礼义生于富厚也。

胡君常曰：守土之君，不专意于国富，惟厚期于民富。务使家给人足，而礼义自兴。

施子美曰：人君必从事于富，非欲聚财也，欲其有以及人也。不富无以为仁，以其仁者乐施也。

"必从事于富"，"富之"（《论语·子路》），富民。

"不富，无以为仁"，"仓廪实而知礼节，衣食足而知荣辱"（《史记·管晏列传》）。

宣传没有用，必要有立竿见影的东西。有所以，才能行仁。

"不施，无以合亲；疏其亲则害，失其众则败。

【批】申前无疏亲怠众之意，而左右四方在其中。

【注】合，联属也。失，谓失人心。

施子美曰：不施则人不聚，所以无以合亲。疏亲失众，何以为利？

"施"，不求回报。"合亲"，对亲族必用"惠"，人皆怀惠。
昔合九族之亲，但今天家族的作用并不多了。
"失其众则败"，"得乎丘民而为天子"（《孟子·尽心下》），
没有群众，哪来政权？政治上失败了！

"毋借人利器；借人利器，则为人所害，而不终其世。"

【批】申前无借人国柄之意，而总结之。

【批】利器，即国柄也，君之威权也。不终，言不能令终也。
此总结上文，收权势之意。

施子美曰：借人利器，得无失权？宜其不害则败也。

"毋"，《说文》云："毋，禁辞，故不从有无之无也。"
"利器"，即国柄。一国皆有其命脉，因环境而不同。
国柄借人，则反受人支配。《老子·第三十六章》称："国之利器不可以示人。"

文王曰：“何谓仁义？”

太公曰：“敬其众，合其亲；敬其众则和，合其亲则喜，是谓仁义之纪。无使人夺汝威，因其明（明德），顺其常。顺者，任之以德；逆者，绝之以力。敬之无疑，天下和服。”

【批】敬众合亲，为仁义之纪。

【注】纪，纲领也。明，人心之明也；常，天道之常也。任，保任也；绝，拒绝也。和者，爱其德也；服者，喜其断也。

题炬曰：人君能以敬众合亲，为仁义之纪；且因明、顺常、任德、绝力如此。敬谨之心，可谓周密无遗，天下方和悦顺服之不暇，又何土之不可守？

施子美曰：仁义之道，不过乎得人心也。众之与亲，皆以心相向。敬其众而不之慢，则人必和；合其亲而不之离，则人心必喜，故谓之仁义之纪。纪者，言其法之要也。礼有所谓以纪万民者，言以此法可以总其要也。

“敬其众”，“使民如承大祭”（《论语·颜渊》），“祭如在，祭神如神在”（《论语·八佾》），在有虔诚的心，不马虎。对百姓不能马虎，必敬慎，民可载舟，亦可覆舟。

古代中国祭政合一。昔为祭祀而猎，孔子“钓而不纲，弋不射宿”（《论语·述而》)，那他的祖宗吃什么？

"合其亲"，昔分封诸侯，不能合其亲，则将各据其地，呈分崩离析现象。今天谈不上。

清朝以明朝为鉴，宗室出京二十里，必经皇帝批准，所以无地方势力；老宫不可以擅自出京，不可以搞政治，所以无太监祸国。

《中庸》曰："亲亲则诸父昆弟不怨，敬大臣则不眩，体群臣则士之报礼重。"体，知对方之所需，投其所好。自送礼，可看出其人之智。

行仁义，有对象，太太怎会听？应是"由仁义行，非行仁义"（《孟子·离娄下》）。

施子美曰：无使人夺汝威，所以总其权也。

"无使人夺汝威"，《尚书·洪范》云："惟辟（君）作威……臣无有作威作福玉食。""作威"，专刑罚。所以谨其权。

"因其明"，因，体也；明，明德，本性，《大学》"在明明德"。因其明，投其所好。

"顺其常"，不要标新立异，要好民之所好、恶民之所恶，《大学》谓"民之所好好之，民之所恶恶之"。"先迷失道，后顺得常"（《易经·坤卦》），则无悖常。

【解】句解："任之以德"，跟上"因明顺常"来。

臧云卿曰："任"字，有务极其恩之义。

"顺者，任之以德"，"顺之者昌，逆之者亡"，要明顺逆。

《史记·太史公自序》云："夫阴阳四时、八位、十二度、二十四节各有教令，顺之者昌，逆之者不死则亡，未必然也，故曰'使人拘而多畏'。夫春生夏长，秋收冬藏，此天道之大经也，弗顺则无以为天下纲纪，故曰'四时之大顺，不可失也'。"

"敬之无疑"，敬慎，"出门如见大宾，使民如承大祭"（《论语·颜渊》），敬以临众。

"天下和服"，"礼之用，和为贵"（《论语·学而》），"举直错诸枉，则民服"（《论语·为政》），"中心悦而诚服"（《孟子·公孙丑上》）。"敬人者，人恒敬之"（《孟子·离娄下》），所以能得天下之心。

夏振翼：虽名"守国"，实言治天下之大道。总见天为民而生圣人，圣人受天之付托，即以位育之事自任。拨乱反治，旋乾转坤，其出处关系非浅小也。

"位育"，《中庸》"致中和，天地位焉，万物育焉"。天地各得其位，万物生生不息。

文王问太公曰："守国奈何？"

太公曰："齐（斋），将语（告）君。天地之经，四时所生；仁圣之道，民机之情。"

【批】总列三者之目，而后详言之。

【注】经，常道也。

大全曰：进言而欲文王齐以承之，正见至道不易闻、不易泄之意，此进言之法也。

施子美曰：此大事也，不可以易言之，故必使文王斋而后语之，所以重其事也。

"齐"，斋也，"齐也者，言万物之洁齐也"（《易经·说卦传》）。心斋，静心。

【解】指南："天地之经"四句，是一串语。太公当日，欲文王为郑重之听，故直从天地说到民情。

大生、广生、长育、敛藏，天地之道也。弥相裁成，燮理参赞，仁圣之道也。非天地不能生仁圣，非仁圣不能位天地。然包括天地，而曲成其德者，仁圣也。

"天地之经，四时所生"，自天地四时观之，"观天之神道而四时不忒"（《易经·观卦》）。"天何言哉？四时行焉，百物生焉"（《论语·阳货》），四时，春、夏、秋、冬，"与四时合其序"，有伦有序，有条不紊。

"仁圣之道，民机之情"，自百姓机微感觉发生。人心猿意马，一事偶发，百姓反应不同，此即民之机。机，灵感。

"枢机之发，荣辱之机也"，人生就是荣辱，不是荣就是辱，"言行，君子之枢机"（《易经·系辞上传》），可不慎乎？

王齐七日，北面再拜而问之。

"当其为师，则弗臣也"（《礼记·学记》），以师礼尊之。

太公曰："天生四时，地生万物。天下有民，圣人牧（育）之。故春道生，万物荣；夏道长，万物成；秋道敛，万物盈；冬道藏，万物静。盈则藏，藏则复起。莫知所终，莫知所始。圣人配之，以为天地经纪。

【批】守国，当配天地之道，而为之经纪。

【注】牧，养也。经者，一定不易也；纪者，井然有条也。

天地之经，四时所生，生长敛藏，循环无已。统观万物，而万物各得，是天地之道之大也，有经之义焉。析观物物，而一物不遗，是天地之泽之溥也，有纪之义焉。圣人配天地之生长，而行育人之政；配天地之敛藏，而行正义之政；配天地之循环无已，而仁义并行不悖，则万民皆得其所，是为天地之经。一民亦被其泽，是为天地之纪。以是而见圣人知化育、弥纶、参赞之功用。

朱鹿冈曰：天地生成万物，原有赖于圣人；而圣人裁成万物，更有补于天地。天地非圣人无以大生成，圣人非天地无以宏化育，此其所以称参两之大欤！

"天地设位，圣人成能"（《易经·系辞传》），"圣人之大宝曰位，何以守位曰仁"（《易经·系辞传》），"唯圣人知四时。不知四时，乃失国之基"（《管子·四时》）。

【解】《合参》：当生而生，当杀而杀，不敢有毫发之差，方是"配天地"也。

《管子·四时》："刑德者，四时之合也。刑德合于时，则生福；诡则生祸""秋聚收，冬闭藏""圣王治天下，穷则反，终则始；德始于春，长于夏，刑始于秋，流于冬，刑德不失，四时如一"。

"莫知所终，莫知所始"，终始之道，如环之无端。

"圣人配之"，圣人德配天地，"与天地合其德"（《易经·乾卦·文言》），"与天地参"（《中庸》），天人境界。

"故天下治，仁圣藏；天下乱，仁圣昌。至道（至极之道）其然也。

【批】守国，当审仁圣出处之道，而为之进退。

【注】治世，不待作为，则仁圣不见其功；乱世，拨乱反正，则仁圣昌大其用。

"天下治"，治世，天下太平；"仁圣藏"，仁者、圣者收敛，不见其功。

定解曰：治藏乱昌，此伊尹所以出桀之世、太公所以见纣之时。是故：二老去而殷墟，三杰用而汉兴……其治乱，所关尤重也。必明良师济，白驹无空谷，而后世道昌隆。有国者，其可忽诸？

"天下乱，仁圣昌"，乱世出英雄，时势造英雄。英雄造时势，难！军人岂能怕作战？乱世，正显才能之时。

"圣人之在天地间也，其宝固大矣，因其常而视之，则民安。

【批】守国，当察民机之情，而使之复于常道。

【注】宝，指民言。常，五伦之常道也。视，即劳、来、匡、直也。

【解】正义：宝而曰大，见非等闲纤细之务，有大位者当知所重也。

圣人以民为宝，"惟民是保"（《孙子·地形》）。

"因其常而视之"，不要索隐行怪，因其常道而抚视之；"则民安"，安而不乱。

"夫民动而为机，机动而得失争矣。故发之以其阴（刑），会之以其阳（德）。为之先唱，天下和（hè）之。极反其常，莫进而争，莫退而逊。

【注】"阴"，以兵刑而言；"阳"，以德泽言。兵刑惨烈，为阴之象，奋发民心，宜用兵刑；德泽舒缓，为阳之象，会合民心，宜用德泽。

张泰岳曰：世道昏浊，斯民陷溺，圣人振作激励，声大义于天下。振刷蒙晦，而反之清明，是谓发阴。世既清明，则又仁陶义淑，宣布德泽，使百姓和乐，是谓会阳。

【解】民心甚涣，最易动也。民心一动，机括遂形，而国家之或得或失，于此系之，争端即于此而起矣，圣人又岂忍漠然于其间哉！故振发以阴，为兵刑以一之；会合以阳，为德泽以绥之。

句解："发"，有开发振作之意；"会"，有收敛聚合之意。

"民动而为机"，"机"，心机、机栝；民心一动，国家非乱不可。"机动而得失争矣"，国之得失于此系之，争端亦由此而起。

"为之先唱，天下和之"，风行草偃；"极反其常"，示之以极，"先迷失道，后顺得常"，先迷后得，复性得常。

周鲁观曰："莫进"二句，只是因时以为之，动不失时，亦不逆时意。

"莫进而争，莫退而逊"，《中庸》所谓"致中和，天地位焉，万物育焉"。

"守国如此，与天地同光。"

【批】结上文之意。

【注】总结上文，言配天地之道，而为之经纪。视仁圣之道，而为之招致。察民机之情，而务使之复于常道：则人君之尽民，与天地之尽物，同其光矣。

【解】醒宗：惟其有世德，所以有世业。

"与天地同光"，同其光远。

《六韬》谈治国之道，最为详尽！

《易·乾》"各正性命，保合太和，乃利贞"，但中国地大，南北以长江分，并无太和，南北民俗不同，边疆民族各有其特色。

一方水土一方人。北方人吃面、饭，喜咸；南方人吃米饭，喜甜。南方水田多，男人做工，露身者多，北方称其为南蛮。

江苏，又分苏北、苏南；皖（安徽），亦分皖北、皖南。江南名园多，"富润屋"（《大学》），名园乃自清朝一百八十多年没战争来的。江浙点心出名，扬州小吃种类多。

北方酱，种类多，"不得其酱，不食"(《论语·乡党》)，即吃什么配什么酱，一定的。山西人喜吃醋，四川人喜吃辣。到哪儿吃当地特产，可以品其特色。

上贤第九

责人主之明断，以察臣民之奸邪。虽曰"上（尚）贤"，而其实在于"去奸"。锄恶，所以安良；逐邪，所以进正也。盖国家之乱，原于风俗之衰；而风俗之衰，始于一二人之倡。国有奸邪，以诱惑倾动愚氓，上不能识察而屏（摒）绝之；国本一摇，莫之能救，此所以威权贵自上操也。

"国家之乱，原于风俗之衰；而风俗之衰，始于一二人之倡"，曾国藩《原才》云："风俗之厚薄奚自乎？自乎一二人心之所向而已。""君子之德风，小人之德草。草上之风，必偃"（《论语·颜渊》)，正风俗，不能家自为俗。

文王问太公曰："王（wàng）人者，何上何下，何取何去，何禁何止？"

太公曰："上贤，下不肖；取诚信，去诈伪；禁暴乱，止奢侈。故王人者，有六贼七害。"

【批】太公因文王之问，而告以上下、去取、禁止之道，明王者之有六贼七害。

【注】六贼七害之人，不可使之有一于国，而贵洞烛奸邪，防微杜渐也。

施子美曰：进贤退不肖，为治之要务也……六贼七害，所以在所防也。

"上贤"，尚贤，重贤；"下不肖"，不重视不肖者。"举直错诸枉，能使枉者直"（《论语·先进》）。

"取诚信"，"不诚无物"，人要失掉诚信，绝不能成事。今天之所以失，在于失了诚信，大家都不诚信，整个国家吃大亏。

"去诈伪"，"侗而不愿，悾悾而不信"（《论语·泰伯》），无知又不谨厚，无才又不信实，故仿冒官司不断，社会纠纷不已。

"禁暴乱"，"胜残去杀"（《论语·子路》），没有残暴，没有杀戮，是什么境界？

"止奢侈"，"奢则不孙，俭则固"（《论语·述而》），过犹不及，但以不及为美。政府奖励消费，以救燃眉之急，然绝非正道，后遗症多，奢侈风由此起。

文王曰："愿闻（知）其道。"

太公曰："夫六贼者：一曰臣有大作宫室池榭、游观倡乐者，伤王之德。

【批】臣纵君欲之贼。

【注】倡乐，首先荒亡（沉迷于打猎和酒色）之事也。

【解】君德以俭为美，乃为之臣者，不能导君以俭，而反自作宫室等事，以倡淫乐，何以禁君而不为乐乎？故曰伤德。

"二曰臣有不事农桑，任气游侠，犯历法禁，不从吏教者，伤王之化。

【批】臣梗君化之贼。

【注】任气，如好勇斗狠是也。游，游说也；侠，豪侠也。犯，触也；历，陵也

【解】民宜遵守王化也。乃有不事农桑之业，任其血气，游说豪侠，陵犯国家之法禁，不从官吏教训者，此梗化之民，

则伤王之化，此二贼也。

"三曰臣有结朋党，蔽贤智，障主明者，伤王之权。

【批】党恶欺君之贼。

【解】臣宜奉君权也。乃有结交朋党，雍蔽贤智，遮障主明者。此党恶欺君之臣，则伤王之权，此三贼也。

党中有派，派中有系，派系林立，国民党来台还如此。

"四曰士有抗志高节，以为气势，外交诸侯，不重其主者，伤王之威。

【批】慢上通外之贼。

【注】君威，藉士以振。乃抗志高节，已为非矣，况复外交诸侯，不重其主乎？君威益不振矣。

【解】壮君威者，士也。乃有抗志不屈，自负高节，以为气势；外则私交诸侯，不尊重其主者。此慢上通外之士，则伤王之威，此四贼也。

"五曰臣有轻爵位，贱有司，羞为上犯难者，伤功臣之劳。

【批】自爱不忠之贼。

【解】臣子宜勤劳服职也。乃有轻人君之爵位，贱有司之职掌，耻为君上犯难者，此自爱不忠之臣，则伤功臣之劳，此五贼也。

"有司"，衙门官吏。"出纳之吝，谓之有司"（《论语·尧曰》）。

"六曰强宗侵夺，陵侮贫弱，伤庶人之业。

【批】骄横害民之贼。

【注】陵，虐也；侮，欺也。

【解】宗臣宜为君恤黎庶也。乃有强大之宗，相侵相夺，陵侮贫弱之民，此宗臣之骄横害民者，则伤庶人之业，此六贼也。

宗室，皇帝的家族。

清初入关时，行圈地政策，八旗于山东、河北近畿一带，行跑马圈地。后来顺治帝将行圈地者处置，此后封地只行于满洲，关内不许再圈地。

"七害者：一曰无智略权谋，而重赏尊爵之；故强勇轻战，侥幸于外，王者谨勿使为将。

【批】将帅寡谋轻战之害。

【解】无智略权谋之人，而重之以赏，尊之以爵，故强勇轻战者，皆侥幸于外，如此之人，王者慎勿使之为将，此一害也。

人一真知，就坏了！焉能存在于此一社会？

成功不在实力，而在侥幸。没听过枪响，就封为上将，那前线的将士还能守吗？

"二曰有名无实，出入异言。掩善扬恶，进退为巧，王者谨勿与谋。

【批】名实不副，中怀诈巧之害。

【解】有虚名，无实行，一出一入，造为异常之言。掩人之善，扬人之恶，一进一退，务为巧好之事。如此之人，王者慎勿与之共谋大事，此二害也。

"有名无实，出入异言"，巧言令色，出入之间所说的话都不同，见什么环境就随着环境转。

"掩善扬恶，进退为巧"，巧取豪夺，什么手段都使得出。

真是无病不死人!

每个人都有自己的机密事、困难,但不能与巧言令色之辈谋己之事。"乡原(愿),德之贼也"(《论语·阳货》),谁也不得罪,自以为是,贼仁贼义!

"三曰朴(质朴)其身躬,恶其衣服。语无为以求名,言无欲以求利。此伪人也,王者谨勿近。

【批】虚伪之人之害。

【解】质朴其身躬,示人不尚文饰;粗恶其衣食,示人不尚华美。语无为,以求恬静之名誉;言无欲,以求尊崇之大利;此虚伪之人也。如此之人,王者慎勿与之亲近,此三害也。

"语无为以求名,言无欲以求利",专求名求利之辈。

交朋友,必真得好好地衡量,要"择而后交",人生知己,三二人而已,不可以海交,势利之交,无不凶终隙末!

"四曰奇其冠带,伟其衣服。博闻辩辞,虚论高议,以为容美。穷居静处,而诽时俗,此奸人也。王者谨勿宠。

【批】奸宄之人之害。

【解】奇异其冠带，伟卓其衣服；广博其见闻，辩给其言辞；虚论高议，以夸示容美于人。所居穷陋，所处僻静，好为诽谤时俗之言，此奸邪之人。如此之人，王者慎勿宠之，此四害也。

对付奸宄之人，但不能净以硬克硬。

"五曰谗佞苟得，以求官爵；果敢轻死，以贪禄秩。不图大事，贪利而动。以高谈虚论，说于人主。王者谨勿使。

【批】谗佞贪利，虚而无实之害。

【解】谗佞之人，务于苟得，以求官爵；果敢之人，轻易于死，以贪禄秩。不思图谋大事，但贪利而妄动，以高谈虚论，取悦于人主。如此之人，王者慎勿使之，此五害也。

高谈阔论，贪利妄动，此游说之士。

"六曰为雕文刻镂，技巧华饰，而伤农事，王者必禁。

【批】末技伤农之害。

【解】务为雕文刻镂、技巧华饰之物。此作无益之事，而伤害农功者也。如此之人，王者必禁止之，此六害也。

"七曰伪方异技，巫蛊左道，不详之言，幻惑良民，王者必止之。

【批】邪术左道，幻惑之害。

【解】方术之欺伪，技艺之奇异；及师巫厌魅不正之术，不善之言，皆足以幻惑良善之民心。如此之人，王者必禁止之，此七害也。

怪说横行，宗教林立。

"故民不尽力，非吾民也；士（士大夫）不诚信，非吾士也；臣不忠谏，非吾臣也；吏不平洁（贪污）爱人，非吾吏也；相不能富国强兵，调和阴阳，以安万乘之主，正群臣，定名实，明赏罚，乐万民，非吾相也。

【批】民、士、臣、吏、相各尽其职，以起下文王者之意。

【注】刘拱辰曰：人君之所恃以为安固者，在相臣；而相臣之所以安固人君者，则在于尽人事，以燮理天地，协赞天化；俾三台正，泰阶平，民安物阜，时和年丰。故调和阴阳，乃所以安万乘之主。

朋友贵乎能忠谏，切磋琢磨，相励以道。但不能见面就啰唆，"朋友数，斯疏矣"(《论语·里仁》)。

"调和阴阳"，燮理阴阳，此不易！阴阳的好坏，不是天时，乃是人的感应，"天视自我民视，天听自我民听"。上下皆顺、自然界无灾异，即阴阳调和。

"正群臣"，宰相，领导人，正百官，必正己而后能正人，"政者，正也。子帅以正，孰敢不正"，"苟子之不欲，虽赏之不窃"(《论语·颜渊》)，"其所令反其所好，则民不从"(《大学》)。如有高位、有权势，就自以为是完人、万能，净命令别人怎么做，老百姓焉能满意？

"定名实"，"君子疾未世而名不称焉"(《论语·卫灵公》)，名实不相称。

"夫王者之道：如龙首，高居而远望，深视而审听。示其形，隐其情。若天之高，不可极也；若渊之深，不可测也。故可怒而不怒，奸臣乃作；可杀而不杀，大贼乃发；兵势不行，敌国乃强。"

【批】王者之威神，而不予人以易量。

【注】龙，阳物也，其首，则尤阳刚而无其形者，故《易》曰："见群龙无首，吉。"王者，履至尊，绍大统，群天下而伺其上，使无变化运用以宰制之，则人得窥其意旨，而盗弄其权柄。惟

如龙首之微示以形，使人知所畏，不露其情，使人不可测。若天下之人，咸知其可仰而不可测，可望而不可扳，则奸无所生，而邪无可容矣。此人君之乾纲独运，而威福互施者也。

尤尺威曰：王者之道，烛贤奸，审诚伪，施德教，任恩威，乾纲独断，变化从心。

【解】句解：龙首，不过借以象其变化、恩威莫测耳。

皇甫肱曰：王道在威权上讲，故以"龙首"比之；不尽，又以"天渊"拟之。

"如龙首"，如龙之首，况，没有高低。"见群龙无首，吉"（《易经·乾卦》）。

"高居而远望"，环境愈高，应愈有远望，眼光要远大。如果政府部门净是贪污，只为自己谋利，根本没有想到明天如何，就谈不到有眼光。

"深视而审听"，研究考察，仔细听，尤其对不同意见者。

王永庆说话有头脑，他虽没有高学历，但有其抱负，生活俭朴，有计划地奋斗，学日本人的经营方式，终成为"台湾经营之神"。

"示形隐情"，不重要的人，不可让他知道，"机事不密，则害成"。

"高不可极，深不可测"，如天之高远，而不可穷极；如渊之深远，而莫测高深。

"可怒而不怒"，到此境界不易，今人少有修养。但也不可以姑息养奸，"奸臣乃作"，大盗盗国。

人必要肯学，不在学历的高低。不学无术，"秀才三年成白丁"。

文王曰："善哉！"

自此，看文王与姜尚二人说些什么。

文王有大私——家天下。但谈小事时，言不及私。

不管那人说话，你满意与否，都必要慎听，洗耳恭听。如说"不能接受"，那就完了！道并行而不悖，万物并育而不相害。大德敦化，小德川流。

《六韬》并不难，容易的书也得天天看，读书贵在明理。

读顾祖禹《读史方舆纪要》（全书参考二十一史、历代总志及部分地方志书达百余种，集明代以前历史地理学之大成，历时二十年完稿，被誉为"数千百年所绝无仅有之书"），看自己对中国地理山川了解多少，境界如何？看《书目答问》（清张之洞撰，是一部指导治学门径的举要目录，五卷，附二卷，著录图书两千二百余种）《翼教丛编》（清苏舆汇编张之洞、王先谦、叶德辉、朱一新等人反对戊戌变法的论说、奏折、书牍而成）《輶轩今语》（清徐仁铸撰，收录唐才常、李钧熙等著作）等书。编书不易，必要细看。

是中国人，绝不能中国书都不读。你们每天至少要读一个小时。就是看《红楼梦》，也可知要如何生活。看贾母，以前中国老太太就那么权威，是习惯，也是规矩。

"名实"二字，一章之主处。

名实相副，循名责实。

士盗虚声，而鲜实效；朝廷进朋党，而抑单寒。真才不出，功效不收，以致互相引援，互相排挤，酿成患害，祸且中于国家，此用人之大病也。

才很重要，必经训练。"千里马常有，而伯乐不常有"！

虽各举所知，不生猜忌，督责其实，考试其能，则无锢蔽植私之弊矣。

"举尔所知。尔所不知，人其舍诸？"（《论语·子路》）用人，循名责实。

文王问太公曰："君务举（用）贤，而不能获其功，世乱愈甚，以至危亡者，何也？"

【注】务，专力也。获，犹得也。

大全曰：举贤一问，文王有不罪贤，而罪君意。

太公曰："举贤而不用，是有举贤之名，而无用贤之实。"

【批】文王究举贤之无实效，太公明其失以告之。

【解】举贤原在得其用，今举贤而不能用，是徒有举贤之虚名，而无用贤之实效也。

"举贤而不用"，当点缀品；"无用贤之实"，成死棋子。

《大学》曰："见贤而不能举，举而不能先（近），命（怠）也；见不善而不能退，退而不能远，过也。"

文王曰："其实（实际）安在？"

太公曰："其失在君好用世俗之所誉，而不得其贤也。"

【解】其失在于人君好用世俗之所称誉者，而不得其真实，故不能用也。

听惯了歌功颂德，就不喜听真话了。

"贤者在位，能者在职"，不是废才，能者必是专家。外行领导内行，永不能成功，不能服人心，故没有力量。

文王曰："何如？"

太公曰："君以世俗之所誉者为贤，以世俗之所毁者为不肖，则多党者进，少党者退；若是，则群邪比周而蔽贤，忠臣死于无罪，奸臣以虚誉取爵位，是以世乱愈甚，则国不免于危亡。"

【批】人君用人，不可因世俗之毁誉，使贤奸倒置，以致国有危亡之祸。

【注】誉，称其善；毁，言其不善。相助匿非，曰党。比，偏党也；周，连结也。

【解】世俗之所毁谤者，未必尽不肖者也，而君乃信以为不肖，则多树朋党者，进；少树朋党者，退。若是：则群邪相比周，而隐蔽贤人。忠荩之臣，皆被谗言而死于无罪；奸邪之臣，以虚誉而取君之爵位。是以贤否倒置，世乱愈甚，国家浸入于危亡。

施子美曰：如以世俗毁誉，而为贤不肖，则朋党之说进，而忠臣贤士无所容矣！

在社会做事，必要有四双眼睛、八只耳朵，"眼观四路，耳听八方"。

"以虚誉取爵"之辈，党同伐异，妨害别人，官官相护，大家一起混，致国事不可为。

人就怕不知耻！人必自侮而后人侮之，家必自毁而后人毁之，国必自伐而后人伐之。

孙立人（1900—1990），安徽人，在危急之际有贡献，却以"兵变"（1955年）长期遭软禁在家。孙太太有德，子女教育得不错。

文王曰："举贤奈何？"

《孟子·梁惠王下》云："左右皆曰贤，未可也；诸大夫皆曰贤，未可也；国人皆曰贤，然后察之；见贤焉，然后用之。左右皆曰不可，勿听；诸大夫皆曰不可，勿听；国人皆曰不可，然后察之；见不可焉，然后去之。"必察而后用之、去之。

太公曰："将相分职，而各以官名举人。按名督实，选才考能。令实当其名，名当其实，则得举贤之道也。"

【批】果贤在将相分职，使循名核实，各举所知，而后得举贤之道。

【注】名，名声也；实，事功也。

将相分职，谓将举将，相举相。惟将知将，所以与之举将；惟相知相，所以与之举相。既无举而不当之弊，又无冒滥幸进之病。以官名举人，正是以官名责成之意。如人当于刑官，则举之治刑；当于兵官，则举之治兵；当于民官，则举之治民。务使人当其官，故"以官名举人"也。即其所举，如某人曾举某官，某官曾系某人举，而一督一考，必皆责成实迹，俾其名实相当不诬，而举贤之道，斯为得之矣。

施子美曰：兴师之名，虽则不同将相分职，各以官名举人，而责其名实、才能之相副也。

"举人"，"举尔所知"；进贤用能，"贤者在位，能者在职"。

【解】惟将相分职举贤，全才者，大用之；偏才者，小用之。必期名实相称而后已，此用文用武之大道也。

"按名督实，选才考能"，选贤用能，循名责实，名实相副、才能相副。

题炬：当名、当实，乃名实不相诬之意。

"实当其名，名当其实"，"当"，值也，相当，人当其官，名实相称、相副。

昔地方士绅多，致仕还乡，成为乡绅，家族势力大，等于地头蛇，得罪不起，地方官不好当，必要有干部，要选才而用之，才能治理一方。

赏罚必"信"，可以极天地之大，而无所不通。

"赏"，勉人；"罚"，示惩。赏罚必当，以"信"为要。

施子美曰：赏罚二柄，励世磨钝之术。有功不赏，有罪不诛，虽唐虞不能化天下，况于治兵驭众之际，独能舍是乎？是以，《孙子》有"赏罚孰行"之说，《尉子》(《尉缭子》，是中国古代的一部重要兵书）则有"明赏决罚"之说，《卫公》(《李卫公问对》，旧题唐名将李靖撰）则有"先爱后威"之说。言二者不可偏废也如此。

文王问太公曰："赏所以存劝（劝勉），罚所以示惩（惩戒）。

吾欲赏一以劝百，罚一以惩众，为之奈何？”

【解】赏罚，朝廷之大典也。故赏所以存劝善之典，罚所以示惩恶之刑，其来久矣。若必人人劝惩之，不亦劳乎？吾今欲赏一人以劝百人，罚一人以惩众人，将为之奈何？

施子美曰：赏罚者，权也；劝惩者，意也。《传》曰“赏当功，则臣下劝”，非赏以示劝乎？《书》（《尚书·盘庚上》）曰“罚及汝身，弗可悔”，非罚以示惩乎……赏罚惟可以示劝惩，故赏一可以劝百，罚一必欲可以惩众，其所及者寡，而所化者众也。

太公曰：“凡用赏者，贵信；用罚者，贵必。赏信罚必，于耳目之所闻见；则所不闻见者，莫不阴化矣。夫诚畅于天地，通彻于神明，而况于人乎？”

【注】信，不欺也；必，不恕也。诚，对伪而言，畅，感通也。
信赏必罚，人每知之，人又实昧之。欲穷于耳目之外，而遗于闻见之真，则人心未必通畅。惟于所闻见，毋悭惜，毋留刑，则赏罚之所及者，显为之服；而赏罚之所不及者，亦默为之化。

【解】此其道在于信必也。大凡用赏者，贵于信；用罚者，贵于必。

《中论·赏罚》："政之大纲有二。二者何也？赏、罚之谓也。人君明乎赏罚之道，则治不难矣；夫赏罚者，不在乎必重，而在于必行。必行，则虽不重而民肃；不行，则虽重而民怠。故先王务赏罚之必行。"

赏贵"信"，有功必赏，不欺；罚贵"必"，说罚必罚，不存侥幸。存劝示惩，法治国家。

在家中对儿女，亦必赏信罚必。没有文化的家庭，家中乱七八糟。过门，犹不知为母之道，就忙着做母亲，焉能上轨道？

在家立规矩，有家规、家训、家谱。孔、孟、颜、曾，以行辈作首诗，传两千多年。你们应自本身开始做，显出一家之源远流长。

【解】赏信罚必，及于吾耳目之所闻所见，则耳目之所不闻不见者，因吾之信必，莫不为阴为之化矣。此正劝百惩众之道也。

施子美曰：天地虽远，神明虽幽，而诚之所至，尚可以感格之，况于赏罚之用既诚，人独不为之阴化邪？

"所不闻见者，莫不阴化"，收潜移默化之效。

昔宗法社会，上一个庙祭祖，乃宗族团结之机会，一旦有人出事则按礼摆平。

《指南》：赏信罚必，全以至诚之道行之，则我之所赏，皆天地神明之所欲赏；我之所罚，皆天地神明之所欲罚，岂不畅快？

陈明卿曰：信赏必罚，固是诚然，必出于无私，乃为真诚；惟真诚，斯无往而不格矣。即于天地神明，亦奚不可者。

施子美曰：惟诚，则人必有所劝惩矣！信其赏者，言赏之不虚也；必其罚者，言罚之不疑也。

"诚畅于天地"，"诚者，天之道；诚之者，人之道"，"诚者，自成也"，"诚者，物之终始，不诚无物"（《中庸》）。但今天最缺的即"诚"字，就想"耍"，而无真诚。试问自己：诚否？

要培养，摆势，叫对方不敢轻忽你。练达自己，你进屋，主人能站起来迎接你，就是尊重你，"君子不重则不威"，否则必要好好检讨自己。

"出门如见大宾"，到哪儿，穿戴衣帽必要整齐，此代表你的身份。要心存"戒慎恐惧"，到哪儿要少说话，否则言多必失，"言行，君子之枢机；枢机之发，荣辱之主也"。

必要知其所以。知理不难，而知所以用理为难也。

兵道莫微于一：惟一者，独往独来，潜天潜地。神明变化，可以独运，而不可以众解；可以密藏，而不可以轻泄者也。故非得机，则一胡由用？非得势，则一胡从显？非得君，则一胡能成？

下复言外乱内整，示饥实饱之诡道。诡，正所以成其一也。速乘疾击，胜术先操于我，无非一心之敏捷。

《老子·第三十九章》云："天得一以清，地得一以宁，神得一以灵，谷得一以盈，万物得一以生，侯王得一以为天下贞。"贞，正也。

孔子"得一"了，说"吾道一以贯之"。一，道之用；"道生一"，道为体。

"独"，在己曰独，唯我独尊，《中庸》"慎己独"，《易·大过·象传》曰："独立不惧，遁世无闷。"

《孙子》称"兵者，诡道也"，"独来独往，潜天潜地"，"不可先传也"，必守机密，示形隐情。

武王问太公曰："兵道何如？"

【注】武王克商而有天下，故称王，武其谥也。

问用兵之道。

太公曰："凡兵之道，莫过于一。一者，能独往独来。

【批】兵道在妙于一。

【注】一，心之专一也。"独来独往"，言运用在己，人之见闻所不及也。

【解】佐议：盖惟宰制运用，悉出神明，斯智虑筹划，超神入微。上不制于天，下不制于地，中不制于人，而能独往独来也。

施子美曰：谓用兵之道，不过乎守之以心……一者，兵之至理也。且以圣人之道，尚欲以一贯之；侯王之治，亦欲以一正之。则一者，其至理也。兵之为道，不离乎至理之间，所以谓之莫过乎一也。惟抱乎一，则可以自用，而不为人所制，故能独往独来者，言无所制也。

《老子·第二十一章》："少则得，多则惑。是以抱一为天下式。"

"一者"，"惟精惟一"，不贰，诚也，"不诚无物，是故君子诚之为贵"。法天，"其为物不贰，则其生物不测"，"诚者，天之道；诚之者，人之道"（《中庸》），按诚做事。诚，仁之用；仁，生也。

"吾道一以贯之"，仁以贯之。变一为元，元以贯之。

"独往独来"，唯我独尊，不必假于他人，"仁者无敌"，到哪儿皆可去。你的境界高，别人都无法助你。

天爵自尊吾自贵，皆自尊自贵，别人爱莫能助。

按礼行事，不合礼之事，要"约之以礼"（《论语·雍也》），"克己复礼""非礼勿视，非礼勿听，非礼勿言，非礼勿动"（《论语·颜渊》）。

讲中国书，要行中国事，有层次。中国，礼义之国。礼，天理之节文，"和顺于道德而理于义"。

"黄帝曰：'一者，阶于道，几于神。'用之在于机，显之在于势，成之在于君。故圣王号兵为凶器，不得已而用之。

【注】"阶于道，几于神"二句，是黄帝成语。兵之精微处，曰道；兵之变化处，曰神。阶，升也；几，及也。机，谓乘机应变也；势，谓因势利导也。君，谓人君信任也。用之、显之、成之，皆指"一"言。

指南曰：一者，心也。凡理俱从心出，即如兵道变化多端，而总不外一心之运用，故《黄帝阴符》《太公丹青》《孙吴兵法》，总是相传以心……故谓一者，心也。心一，而兵道无逾于此矣。

施子美曰：兵之为理，既寓于道，则其妙也，亦极其变，而几于神。

"阶于道"，一步步地进于道，"率性之谓道"，命、性、心，一也。

"几于神"，近于神，"圣而不可知之，之谓神"。走路背书，养心。胡思乱想，伤神。

文章贵乎精，至少要会背上五十篇，能朗朗上口，则下笔如有神，通其神！

【解】举用此一之理，乃在于"乘机应变"；显设此一之理，乃在于因势利导；成就此一之理，乃在于君心信任。故圣王号兵为凶恶之器，不得已而后举用之也。

施子美曰：圣王之于兵，不敢轻而用之，视为凶器，不得已用之。

"用之在于机"，"机"，《说文》云"主发谓之机"，枢纽，《庄子·至乐》云"万物皆出于机，皆入于机"。"时至而不失之"，恰到好处。

"显之在于势"，"激水之疾，至于漂石者，势也"，势如破竹，势不可当，"善战人之势，如转圆石于千仞之山者，势也"（《孙子兵法·兵势》）。要识势，培养气势。

"兵为凶器，不得已而用之"，"兵者不祥之器，非君子之器，不得已而用之"（《老子·第三十一章》）。

"今商王，知存而不知亡，知乐而不知殃。夫存者非存，在于虑亡；乐者非乐，在于虑殃。

【批】用兵当有先虑。

【注】存亡，以国言；乐殃，以身言。虑亡、虑殃，即安不忘危、治不忘乱。

【解】夫存者非徒存，在于能虑其亡也；乐者非徒乐，在于能虑其殃也。

"知存知亡，知得知丧，知乐知殃"，其关键即在居安思危，"安而不忘危，在而不忘亡，治而不忘乱"（《易经·系辞下传》）。

"虑亡"，先天下之忧而忧之，后天下之乐而乐之。

"虑殃"，圣人贵除天下之患，必"虑患也深"(《孟子·尽心上》)，想出一切出患之道。

"今王已虑其源，岂忧其流乎？"

【解】今王已能虑及其所以亡、所以殃之泉源，岂复忧其有至于亡、至于殃之流乎？

施子美曰："今王已虑其源，岂忧其流"，此又因以戒武王也。谨终如始，人之所难。源其始也，流其终也，虑其始，必思其终。

"今王已虑其源，岂忧其流乎？"多会拍马屁！此种文法，值得一学。

"源"，泉源，"原泉混混"(《孟子·离娄下》)，有本，源源不绝；"流"，水行，川流不息。溯流追源，穷源溯流。

武王曰："两军相遇，彼不可来，此不可往；各设固备，未敢先发。我欲袭之，不得其利，为之奈何？"

【批】武王复询以袭击之道。

"各设固备"，各坚守防卫，此乃社会现象。

"未敢先发"，发而中节，弹无虚发，百发百中，"后人发，先人至"（《孙子兵法·军争》）。

"袭"，乘敌无备，偷袭；"侵"，渐进，侵掠。

"不得其利"，不得其便利，有时还适得其反。

太公曰："外乱而内整，示饥而实饱，内精而外钝。一合一离，一聚一散。阴其谋，密其机，高其垒，伏其锐士，寂若无声，敌不知我所备。欲其西，袭其东。"

【批】兵尚诡密之术。

【注】精，练锐之士；钝，老弱之卒。一合一离，似无节制也；一聚一散，示无纪律也。寂，安静也。

【解】此非诡道，不能济也。先发之道：外示以烦乱之形，而内实部伍整齐；阳示以饥饿之形，而阴实士马宿饱。内多精利之兵，而外列以钝兵……阴秘其攻战之谋，深密其发动之机。高其壁垒，使不得而入；隐伏其精锐之士，寂若无声，使不得而测。敌既不知我所备之处，彼欲其西，而东必虚，吾则袭击其东，使不能备也。

施子美曰：形人之说，兵家之要素也……《孙子》十三篇，大抵以"形人"为上，如曰"形人而我无形"，如曰"形兵之极，至于无形"，如曰"形之，而敌必从之"，皆形人之说也……既有以形之，必有以取之，自"阴谋、密机"以下，又所以取之也。兵之未用，则其为计也，不可使人窥；兵之既用，则其为用也，不可使人知。阴其谋者，所以秘其计也；密其机者，所以藏其用也；高其垒，所以固守；伏其锐，寂若无声，所以示弱。在我者既无形之可见，则在敌者必怠于所备，故敌不知所备，而可以计取矣。故欲西击东，而复有以役之也。

虚实之道，"形兵之极，至于无形；无形，则深间不能窥，智者不能谋"（《孙子兵法·军争》），真正聪明人！

乱、整，饥、饱，精、钝，皆相对。

内里特别严谨，但外面不知，伪装者。"内精而外钝"，内里精明，但外似发挥不了作用。"藏形于无，而游心于虚"（《淮南子·兵略训》），一切皆有实力，对外不示实力，使对方少戒备心。

"兵者，诡道也。故能而示之不能，用而示之不用，近而示之远，远而示之近"（《孙子兵法·始计》），颜回"以能问于不能，以多问于寡；有若无，实若虚，犯而不校"（《论语·泰伯》）。

"一合一离，一聚一散"，聚散离合无定，敌不知其所以。

"阴其谋，密其机"，此处事之要。欲成事业，必要有谋，不叫外人知。要守口如瓶，不要多言，左手的事不叫右手知。

天下事绝非马虎能成的，空想没有用，必要往前奋斗，脚踏实地，绝不落空。没有起脚就跑，终一事无成。

"高其垒，伏其锐士"，深沟高垒，防御坚固，精锐士兵伏于重要之处。

"寂若无声，敌不知我所备"，任何现象也看不出。

声东击西，虚虚实实。"善攻者，敌不知其所守；善守者，敌不知其所攻。微乎微乎！至于无形。神乎神乎！至于无声"（《孙子兵法·虚实》）。

武王曰："敌知我情，通（知晓）我谋，为之奈何？"

太公曰："兵胜之术，密察敌人之机，而速乘其利，复疾击其不意。"

【批】乘袭敌人之机，而速收其功，以结上文之旨。

【注】指南曰：敌人之机，指敌人意欲乘袭我之机言。一速一疾之间，正弈家所谓"先着"也。

【解】兵家取胜之术，惟在密察敌人之机；若敌有可乘之机，即速攻之，而乘其利。又复疾击其不备之处，则胜在我矣，而敌人安能知我之情，通我之谋乎？

施子美曰：用兵之法，大抵乘机。不乘其机，而徒欲以力争，胜负何自而决邪？《孙子》有曰："兵之情主速，乘人不之不及。"

又曰："出其不意。"是皆乘机之说也。太公之意，非欲使武王得其机而乘之乎？既得其机，复加以速，宜其可以击其不意也。

当机立断，速也。最难！考虑之刹那即决定，片刻之间决胜负。

《孙子兵法·始计》云："攻其无备，出其不意，此兵家之胜，不可先传也。"不可以硬克硬，要懂得保存实力。

必要多见，要多翻书。曾文正是读中国书最成功的，成于幕府。幕僚专出主意，但无魄力做，找大老粗，知愈少，胆愈大。

所见者少，没有样子。应多见多闻、多经历，历事煅智，从做中学。肯做，慢慢充实，不怕不识货，就怕货比货。

读书，慢功，每篇都要仔细读，再加以模拟。

如写字，先自描红、填白、临摹，一笔一画，练永字八法：横、竖、撇、捺、点、挑、弯（曲）、钩，每笔每字写上一个月、半年，逐渐成形。按字的源流写，才能成为书家。邓石如（1743—1805），以篆刻著名，有《完白山人印谱》。学的不二法门，即精一功夫。

画画，先读名家画论，多看名画。昔女子琴棋书画皆会些，当娱乐，有雅气，腹有诗书气自华。但学到炉火纯青、造诣深厚的境界，不易。

每天醒了，就起床，绝不留恋床。先做运动，活动筋骨。静就是功夫，心静澄明，到澄清的境界，宁静以致远。

武

韬

　　此篇所载，虽本德惠以安民生，然其用在于征伐，故以
"武"名。

发启第十三

言发兵讨纣之师，由此而启也。

见圣人无取天下之心，惟以修德为主。亲贤爱民，增修吾德。而天下自启之利之，是以不取为取也。

至其忧民之隐衷，则幽深沉晦，而不予人以易知。养其锋，蓄其锐，乘时而起，故一发而不可制。

文王在酆，召太公曰："呜呼！商王虐极，罪杀不辜，公尚助予，忧民如何？"

【注】酆，周都，《尚书》作丰（豐）。

施子美曰：此文王发问太公图商之计。

问忧天下之民，其道如何？

太公曰："王其修德以下贤，惠民以观天道。天道无殃，不可先倡；人道无灾，不可先谋。必见天殃，又见人灾，乃可以谋。必见其阳，又见其阴，乃知其心；必见其外，又见其内，乃知其意；必见其疏，又见其亲，乃知其情。

【批】忧民之道，在内修其德，下贤爱民，以观天下从违。

【注】天殃，如日月失明，星辰逆行，夏霜冬雷，春凋秋荣之类；人灾，如五谷不熟，饥馑洊臻，盗贼滋炽，奸宄窃发之类。阳，显明之地也；阴，幽暗之处也。心，指昏惑言；意，指迷乱言。疏，谓远方之人；情，指背戾言。

施子美曰：夫欲伐人者，必先尽其在己，修德以下贤，惠民以观天道，此尽其在己之事者。盖惟修己，而后可以待人；惟得民，而后可以应天。贤有德者，德修于己，而后贤者归之，故修德乃可以下贤，此修己以待人也。人之所欲，天必从之，惠足以及人，乃可以合天，故惠民以观天道，此泽民以应天也。

"修德"，自正而后正人，"子帅以正，孰敢不正"；"下贤"，谦恭下贤，礼贤。

"惠民"，小人怀惠，实惠，"惠而不费"（《论语·尧曰》），因民之所利而利之；"观天道"，察自然环境之变。

施子美曰：惟天殃人灾既见，然后徐而图之，无不可矣！

"不可先倡，不可先谋"，不出无名之师。

见"天殃人灾"，则师出有名，"箪食壶浆以迎王师"（《孟子·梁惠王上》）。

施子美曰：心也、意也、情也，皆敌之所蕴也。心有所思，意有所欲，情有所发，心、意、情三者，同出而异用。主之于内者，心也，《传》曰："心之官则思。"

"见其阳"，阳，表面，有失政败德；"见其阴"，阴，暗处，贪污腐败、卖官鬻爵等情形。

"见其疏"，一般关系；"见其亲"，身边人。疏远者乖离、亲近者潜逃。

【解】句解：人归处，即天与处，天人关系甚微。

"知其情"，情，喜怒哀乐之发，"莫现乎隐，莫显乎微"（《中庸》），则其人之贤佞可知。看是众叛亲离，或是天与人归。

"居易以俟命"："易"，一、平易不险。二、变也。守变以待命。俟时待命，外面环境必得变，守变，以等待天命。此必识机、知时。

识时，不易！时至，来得恰到好处，"时至而不失之"。"君子居易以俟命"，因识机；"小人行险以徼（侥）幸"（《中庸》），就冒险！

要防未然。事未发生，防发生；一旦发生了，不必急，蒙着头睡几天觉，养足精神再处理。

"行其道，道可致也；从其门，门可入也。立其礼，礼可成也；争其强，强可胜也。

【批】修德之效，以起下文之意。

【注】醒宗曰：直是应天顺人、至仁至义之师。

【解】能顺天人以举事，则我兵无所施而不得矣。但见行其所由之路，路可得而致也；从其所入之门，门可得而入也；立其军国之礼，礼可得而成也。争其形势之强，强可得而胜也。圣人之用兵有如此。

施子美曰：既知其心、意、情之所在，由是而制之，斯易为术矣！故行其道，道可致；从其门，门可入。此因敌而为之谋也。

"全胜不斗，大兵无创，与鬼神通。微哉！微哉！

【批】全胜之妙！

【注】斗，力战也；创，伤残也。

大全曰：兵至于倒戈相向，不戮一人，其用兵之精微，与鬼神相通。所谓相通者：求之无有弗得，思之无有弗胜，若有鬼输神告之意，故重言之，以叹其妙也。

【解】全胜，不在战斗，在胜于无形；大兵，无事伤残，在全吾士卒。

句解："大兵"者，是除残之兵也，是伐暴之兵也，是救民水火之兵也。

施子美曰：此以计取，而不用于兵也。

"全胜不斗，大兵无创"，全敌而必胜，不在乎用兵，《孙子兵法·谋攻》称"上兵伐谋"，"百战百胜，非善之善者也；不战而屈人之兵，善之善者也"。

"鬼神"，祖先为鬼，有遗爱在人为神，指前人之一切模范。

"与鬼神通"，"与鬼神合其吉凶"，《易·说卦传》："神也者，妙万物而为言者也。"妙不可言！

"微哉！微哉！""微"，隐而不见，《孙子兵法·用间》曰："微哉，微哉，无所不用间也。"一切尽在不言中。

"与人同病相救，同情相成，同恶相助，同好相趋。故无甲兵而胜，无冲机而攻，无沟堑而守。

　　【批】能与下人同其心，则不必有所资藉，而自获能胜、能攻、能守之效。

　　【注】冲，车名，用以从旁冲突敌阵者。机，如云梯飞楼之类，用以攻城者。

　　"冲"，从旁冲突敌阵的战车。"沟堑"，作战挖的壕沟。

　　【解】夫大兵之兴，顺一人心者也。能与人同此病痛，而人自相救援；同此情欲，而人自相与成就……又何斗何创乎？

　　施子美曰：兴师之名，虽则不同制敌之道，莫若得人之心……皮日休所以曰："古之取天下以民心。"

　　"无甲兵而胜"，大兵无创，以民心为依归，得民心者得天下。

　　"大智不智，大谋不谋，大勇不勇，大利不利。

　　【批】王者不自用其智谋勇利，以成其大；自能同利同害，以取天下。

　　【解】用兵不可无智，大智运于无形，则人不见其智；用兵不可无谋，大谋运于未然，则人不见其谋；用兵不可无勇，大勇本乎义理，则人不见其勇；用兵贵于知利，大利不在富强，则人不见其利。

施子美曰：智也、谋也、勇也、利也，皆圣人之德也，谓之大智、大谋、大勇、大利，则其德之无以复加也。自其大德而求之，似不难见也，然其至也，至于不智、不谋、不勇、不利，是又其至德之极，不可得而知也。

"利天下者，天下启之；害天下者，天下闭之。

【注】启，开发也；闭，阻塞也。

施子美曰：其启之者，将以与之同，同其利也；苟或害之，则天下必恶之，故闭塞之，而不与之同。

"利天下者，天下启之"，"仁者无敌"。"吉凶与民同患"（《易经·系辞上传），与民利害与共，感同身受。

"天下者，非一人之天下，乃天下之天下也。

【解】天下者，非一人私有之天下，乃天下人公共之天下也。

"天下之天下"，天下人之天下，公天下。

"取天下者，若逐野兽，而天下皆有分肉之心；若同舟而济，济则皆同其利，败则皆同其害。然则，皆有以启之，无有以闭之也。

【解】利害之分，即从违之辨也，可不慎哉？

"取天下者，若逐野兽"，好例子；"天下皆有分肉之心"，能不争？

"若同舟而济，济则皆同其利，败则皆同其害"，《孙子兵法·九地》曰："夫吴人与越人相恶也，当其同舟济而遇风，其相救也如左右手……故善用兵者，携手若使一人，不得已也。"就是世仇，当危难来临之际，亦能同心协力以挽救危亡。

事在人为，咎由自取。

"无取于于民者，取民者也。无取民者，民利之；无取国者，国利之；无取天下者，天下利之。

【批】以不取为取者，其举动行事，自出于见闻知觉之外。

【注】"无取于于民"者，志惟在安民也。"取民"者，谓

得民心之归也。

【解】人君志在安民，无心于取民者，自得民心之归，而其实正所以取民者也。

施子美曰：在《易》之卦"损下益上"，其卦为《损》；"损上益下"，其卦为《益》。是则为之君者，诚不可妄取于民也。推是心以往，则不惟可以及民也，虽施之国、施之天下，皆此心也。

"无取于民"，不取民之所有；"取民者"，取民心，得民心为要！得民心者得天下。

"无取民"，不取民之物；"民利之"，民以为利己而归之。

"故道在不可见，事在不可闻，胜在不可知。微哉！微哉！

【注】"道在不可见"三句，总承上言，取天下，而天下不知；利天下，而天下不见也。

【解】制胜之巧，在于人所不得知，而其"机"最为微妙者也。殆微矣哉！殆微矣哉！

陈大士曰：惟不恃其强众，而独行其绥安拯救之心，以为吊民伐罪之举，其胜自有出于寻常意料之外。

施子美曰：兵之所以隐于无迹者，皆其所贵道也、事也、胜也，此兵之所用，始终有不同也，而其不可见、不可闻、不可知，则皆欲其无迹焉。

此即治国之道。

"不可见、不可闻、不可知"，"志如死灰，安精养神，寂莫无为"（《春秋繁露·立元神》），一切胜于无形。《易·系辞下传》曰："知几其神乎！""机者，动之微！"

一开始要是影响到别人，人家就有所戒备。

"鸷鸟将击，卑飞敛翼；猛兽将搏，弭耳俯伏；圣人将动，必有愚色。

【批】圣人潜藏之用。

【注】愚色，谓如愚人之色，耳目精神不旁驰也。

佐议曰：上四句，借以形容圣人欲动不动之势。

【解】鸷悍之鸟，将有所击，必卑下其飞，而收敛其翼。威猛之兽，将有所搏，必弭戢其耳，而俯伏其身。圣明之人，将动而大有为于天下，必晦处养重，有如愚人之色，可想见其不得已之心也。

指南：赫然震动，上关天意，下系民情，未可轻举；故虽时会已际，犹必千思万虑，慎度详审，如愚人暗于成事，而不能有所裁划一般。

施子美曰：愚也者，所以藏其智而不用也。盖将欲取之，必固予之；将欲张之，必固翕之；将以动其用，可不隐其用乎？

《易·系辞下传》云："尺蠖之屈，以求信（伸）也；龙蛇之蛰，以存身也。"

"圣人将动，必有愚色"，大智若愚！

冷静，久远看一问题，不背感情包袱，想解决之道。非做梦，理智，根据实际问题研究。要具备胆、量、识，即智、仁、勇，缺一不可。

不深入就要改造，此改革之所以失败也。你想到的，别人绝对想到。见事不彻底，就下评语，人家看你是"桶饭"的，笑在心里。

"今彼有商，众口相惑，纷纷渺渺，好色无极，此亡国之证也。

【批】商纣有败亡之证。

【注】纷纷，紊乱之貌；渺渺，无穷之貌。

【解】众口互相惑乱，纷纷渺渺；好色之心，无有穷极。此乃亡国之证也。

施子美曰：国之治乱，皆有可见之形，观其礼而知其政。

"众口相惑"，每天大家都传谣言。

"纷纷渺渺"，纷扰不已，对本身无信心。

势，于人太重要！大丈夫不可一日无权，不可一日无钱。一个人大权在握时，横眉竖眼，靠势壮己之声色；一旦失势无权了，则摇尾乞怜，一副哈巴狗相。

不是财就是色，南朝金粉之写照！

"吾观其野，草菅胜谷；吾观其众，邪曲胜直；吾观其吏，暴虐残贼（加害）。败法乱刑，上下不觉，此亡国之时也。

【批】商纣有败亡之实。

【注】菅，草名。

周鲁观曰：朝野吏民，皆有丧亡之象。

【解】观其田野，草菅胜于五谷；观其人众，邪曲胜于正直。观其为吏者，惟务暴虐残贼。败乱国之刑法，上下皆不觉察。此乃亡国之时也，不有待于惠民之人乎？

"草菅胜谷"，野草丛生，草菅与五谷争胜，战争多，百姓懒。

"邪曲胜直"，黑金挂钩，帮派林立，一扫黑，跑到海外当寓公。

寓公，亡国后寄居他国的诸侯贵族。《礼记·郊特牲》称："诸侯不臣寓公，故古者寓公不继世。"

"败法乱刑，上下不觉"，违法乱纪，上下浑然不觉，是最安宁的地区。

"大明发，而万物皆照；大义发，而万物皆利；大兵发，而万物皆服。

【批】圣人代天行道，本其独闻独见之德，以为万民共闻共见之事。

【注】王若汉曰：大明普遍，万物皆照。大义诞敷，万物皆利。大兵一举，万物皆服。此正圣人之德之大也。

【解】日丽中天，大明也，大明发，而万物皆普照焉。伐暴救民，大义也，大义发，而万物皆乐利焉。兴师动众，大兵也，大兵发，而万物皆归服焉。

明解：民物颠连，能拨乱反正以救之，此正大义所在，万物皆利，是其效验处。

金千仞曰：圣人借不仁之事，而行至仁之心，杀一人所以安天下，故大兵一发，天下威服。

施子美曰：容光必照，此大明发而万物所以皆照……大义发而万物所以皆利也……仁人之兵，无敌于天下。今大兵既发，则所向者莫不闻风而靡，宜其万物皆服也。

"大明发"，"日月丽乎天"（《易经·离卦》）；"万物皆照"，日月无私照，明照四方，普照大地。

"大义发"，"义者，利之和也"（《易经·乾卦·文言》）；"万物皆利"，"能以美利利天下，不言所利，大矣哉！"（《易经·乾卦·文言》）

"大兵发"，大兵无创，"全国为上"（《孙子兵法·谋攻》）；"万物皆服"，"徯我后，后来其苏"（《孟子·梁惠王下》），心悦而诚服。

"大哉！圣人之德，独闻独见，乐哉！"

【注】王若汉曰："大哉"以下，承上三句赞叹之。

【解】正义：盖"独闻独见"者，圣人之德也；惟其德，人不及知，为己所独闻独见者，可以遂其忧民之心，故可乐。

施子美曰：所以为乐者，以其谋出于己，可以成天下之功，而济天下之大事，故乐也。

"独见者，见人所不见也；独知者，知人所不知也"（《淮南子·兵略训》)，独知独见，对事有超乎常人的见解、智慧。

"见人所不见，谓之明；知人所不知，谓之神。神明者，先胜者也"（《淮南子·兵略训》)，乐哉！

言以文治启文王也。

此章纯是以天道设教，见圣人之治天下，总一无为之化，不多事以扰民，而民自相安于无事。然圣人亦非一无所事也：集贤人以为万国，统纪所由成；陈政教以顺民俗，平定所由始；因性而化，立表率物，圣世所以无扰也。彼劳力烦刑，令上下不安其生者，只见其大失而已。惟使夫在于畎亩，妇在于机杼，则为上者，不必有所赐予，而民自衣食充裕，此"因之""化之"之功，亦即"静之"之谓也。宁不为治天下之经常乎？

文王问太公曰："圣人何守？"

【注】守，犹持也。

【解】天下至今，纷纷极矣，有圣人者出，不知将何所执守，而后可以久安长治也？

太公曰："何忧何啬？万物皆得；何啬何忧？万物皆道。政（行政）之所施，莫知其化；时（四时）之所在，莫知其移（变化）。圣人守此，而万物化（化育），何穷之有？终而复始。

【批】圣人守无为之心，而万物自化，与天地同其运行。

【注】忧，虑也；啬，吝也。得，得所也；道，生聚也。

忧、啬皆欲之累；欲之未遂，为欲所牵，故多忧；欲之既遂，为欲所侵，故多啬。盖未得所欲，则惟恐不得；既得所欲，则私之于己，而不公之于人，此忧啬之分也。皆得者，顺适之意；皆道者，优游之意。

【解】天道无为而成治，圣人亦无为而成治。圣人守此无为之心，而万物自化为善，何有穷尽？亦如天道之终而复始，循环不已也。圣人之治，殆与天同其运行乎？

合参："守此"，谓守此无为之治也。"万物化"，即万物皆得、万物皆道之谓。

施子美曰：圣人待天下以无心，故其所守者，本无常心也……圣人果何心哉？不过守此而任物自然，使之自化，又孰得而穷其所以然哉？无它，终而复始。

"天何言哉？四时行焉，百物生焉，天何言哉？"（《论语·阳货》）天之道好生，万物各得其所，各得生聚，又何忧何啬？孟子曰"万物皆备于我"。

《易经·系辞下传》云："天下何思何虑？天下同归而殊涂，一致而百虑。天下何思何虑？日往则月来，月往则日来。寒往则暑来，暑往则寒来，寒暑相推而岁成焉。"

圣人法天，如天之道，《易》谓"体万物而不可遗也"。顺自然而治天下，"率性之谓道，修道之谓教"，化民成俗。

"生而不有，为而不恃"，顺自然之化，不用加人为的想法。

"终而复始"，如环之无端，生生不息。

"优之游之，展转求之；求而得之，不可不藏；既以藏之，不可不行；既以行之，勿复明之。夫天地不自明，故能长生；圣人不自明，故能名彰。

【批】圣人之行，与天地同光。

【注】优游，自如之貌，不欲速也，万物未化，俟其自成也。展者，转之半也；转者，展之周也。反复以求，不忘所有事也。藏，存之于心；行，见之于事。明，表著其功也；不自明，隐德弗耀也。

语云：天明则日月不明，言天不自明，故日月得而明也。若天之精气呈露而自明，则日月不能明矣。

【解】醒宗："勿复明之"一语，正圣人善藏其用处。惟其不自明，则我之所为，皆人所不知，故能名彰也。

施子美曰：优之游之，欲得于自得之间；展转求之，以思其所得之道。若是者，乃机之始萌，而筹其将至也。

《诗·关雎》："求之不得，寤寐思服。悠哉悠哉，辗转反侧。"乐而不淫，哀而不伤。优游自得，不加人为之力。

事情难以直截了当求得，必得委曲以求之，《易·系辞下传·第五章》云："往者屈（曲）也，来者信（伸）也。屈信相感而利生焉。"

"既以行之"，表现自己行天之道；"勿复明之"，你不明之，人家就把你忘了，不与你争明。《易·坤》"括囊，无咎无誉"。

【注】圣人随藏随行，随行随藏，是以德闻名彰，与天地同其贞明。

施子美曰：天下万物各得其所，各遂其生，其功亦大矣……惟不自明其功，此所以其名益彰也。

"圣人不自明，故能名彰"，惟其不自明，则所为人无不知，故能彰名后世。

"古之圣人，聚人而为家，聚家而为国，聚国而为天下；分封贤人，以为万国，命之曰大纪。

【批】圣人封建安民之事。

【注】大纪，以纲纪言。

醒宗：列土分茅之主，不难于土地之能分，而难于贤人之能封也。惟其所封皆贤人，则万民国安而天下宁，故曰大纪。

施子美曰：由家而国，由国而天下，其所得岂不以渐而盛乎？

如何顺自然，而能达到成就？一部《大学》，格致诚正，修齐治平。

儒家是德治，"为政以德，譬如北辰，居其所而众星共之"（《论语·为政》）。

"分封贤人"，立建侯，"贤者在位，能者在职"；"以为万国"，"建万国，亲诸侯"（《易经·比卦》）。

"大纪"，伦纪、纲纪，"以经邦国，以纪万民"（《周礼·天官冢宰》）。

"陈其政教，顺其民俗，群曲化直，变于形容。万国不通，

各乐其所，人爱其上（父母），**命之曰大定。**

【注】大定，以风俗言。

醒宗：布政司教之主，不难于政教之能陈，而难于民俗之能顺也。惟其所陈皆顺俗，则万民悦而天下化，故曰大定。

施子美曰：此言圣人顺俗而教，而天下化之，各安其俗，乐其化也……习与性成，极风俗以同矣。

"陈其政教"，儒家以"德"为本，培德，以礼约人，"约之以礼"，"为国以礼"（《论语·先进》）。

"顺其民俗"，一方水土一方人，因其俗而化，"君子所过者化"（《孟子·尽心上》），化民成俗，使成有德之民，德治。

"群曲化直"，"致曲，曲能有诚"，"至诚为能化"（《中庸》），"举直错诸枉，能使枉者直"，都成直人，就没有枉者了。直人，即真人。

"变于形容"，"容"，脸；容以下，即"形"。形，包含容。

"各乐其所"，"君子乐得其志，小人乐得其事"。家庭亦必各乐其所，每个人的喜好不同。

"人爱其上"，人爱其父母。《中庸》："《诗》曰：'妻子好合，如鼓琴瑟；兄弟既翕，和乐且耽；宜尔室家，乐尔妻帑。'子曰：'父母其顺矣乎！'"

"大定"，大同。大处同，小处不必同。人性皆同，定在人之性。

"鸣呼！圣人务（务必）静之，贤人务正之。

【解】鸣呼！圣人务安静以化民，贤人务正己以率物。

王若汉曰："静之"，"之"字指天下言。静，对"纷扰"看。

施子美曰：圣人者，道之管也，圣人惟以道化人，故其化也，一本于无为，此所以务有以静之也。若夫贤人，则礼义之所自出也，贤人惟以养为治，故其为化，必欲正天下之不正者，此所以务有以正之也。

"静之、正之"，明乎此，则无争。宁静以致远，"子帅以正，孰敢不正？"

《中庸》称："不大声以色。声色之于以化民，末也。"要潜移默化，润物细无声。

愚人不能正，故与人争。

【解】尤尺威曰："与人争"，是不能正己率物，而强致其向化也。

施子美曰：既不自静，又不能正，而乃欲与之角力以争，是亦愚者也。

"小人怀惠"，"愚者好自用"，故与人争利。

"上劳则刑繁，刑繁则民忧，民忧则流亡。上下不安其生，累世不休，命之曰大失。

【注】大失，以政令言。

施子美曰：上好事，则易以残民，故繁其刑以威民，欲民之必从；民见其刑罚之滥，故忧其无所措手足；既忧则不安其居，故流亡。

"上劳"，什么都想插一手，事必躬亲。

尧舜"垂衣裳而天下治"（《易经·系辞下传》），分层负责，不必事必躬亲。

【解】上下皆不能安其生，而累世不能休息，命之曰大失。

施子美曰：上下不安其生，至于累世不休，兹其为失，不已大乎！故命之曰大失。

"上下不安其生，累世不休"，不得安生，焉不是"大失"？

加"大"字，表示特别重要。"大失"，国家政令大失。

"天下之人，如流水，障之则止，启之则行，静之则清。

【批】民心之向背无常。

【注】障，壅阻；启，疏导。静，澄静。

【解】《明说》：以流水喻天下人者，正见人心向背不常，可以后，亦可以仇也。

施子美曰：物有自然之势，民有自然之性。民心无常其已久矣！而其性则有自然者，譬之流水焉，或行或止或清，皆其势之必然也，止非自止也，不之决也，障而后止；行非自行也，不之遏也，启之而后行也。至于静而不扰，则必还其清矣！

"呜呼！神哉！圣人见其始，则知其终。"

【注】圣人防微杜渐，能于民心之始向，即可知其终归；于民心之始背，即可知其终去。去就无常，而洞鉴不爽，是岂徒见哉？惟防之预，故见之早也。

【解】指南：圣人不止于能见，惟圣人能主张挽回，使有向无背。

"圣而不可知之，之谓神"。

"见其始，知其终"，《易·坤》"履霜，坚冰至"，《易·系辞下传·第五章》"原始要终"，终而复始，生生不息。

文王曰："静之奈何？"

如何使民静？

太公曰："天有常形，民有常生。与天下共其生，而天下静矣。

【批】圣人与天下共其常生之道，而后天下可底于静。

【注】春生、夏长、秋成、冬藏，天之常形也。春耕、夏耘、秋敛、冬息，民之常生也。"共其生"，是以天下之生还之天下意。

【解】注疏：其生民之生也，苟上不能体民之生而共之，天下即从此多故矣，亦安能得其静乎？惟上自思其生，即思下之所以生。必不使己饱而民饥，己暖而民寒，己逸而民劳；则天下之人，必各安其居，各乐其业，而相亲相爱，不期静而自静矣。总见欲天下之静，不必于民生外求之，须知是极易事，又是极难事。"共"字内，有许多实际处，不可空言之也。

施子美曰：古之治国者，谓"若烹小鲜"，慎勿扰之，则天下之人必贵于安静也。安静则治，亦犹水之静而清也。

"天有常形"，"维天之命，於穆不已"（《诗经·周颂·维天之命》），此天之所以为天，"四时行焉，百物生焉"；"民有常生"，人法天，行健不息，"与四时合其序"，不紊不乱，"有常生"，"生之谓性"（《孟子·告子上》），"天命之谓性，率性之谓道"。

"太上因之，其次化之。夫民化而从政，是以，天无为而成事，民无与而自富，此圣人之德也。"

【注】"太上"，犹言第一。"因之"，即务静也；"化之"，即务正也。"无与自富"，言不夺其时，使之安其田里，而家给人足也。

醒宗曰：衣食财物，天下所恃以生者也。人主敛之以自生，而不与天下共之，则天下且起而怨我矣。

【解】徐相卿曰：民原自有富，我不取，便是"与"。言"无与"，直是我无取也。

"因之"，因民之生，太公治齐："因其俗，简其礼"，管子治齐："俗之所欲，因而予之；俗之所否，因而去之"（《史记·管晏列传》）。

"化之"，化民成俗。

文启第十四

"天无为而成事"，"帝力于我何有哉？""唯天为大，唯尧则之"（《论语·泰伯》），则天无为，"天何言哉？四时行焉，百物生焉，天何言哉？"

"民无与而自富"，《孟子·梁惠王上》称："不违农时，谷不可胜食也；数罟不入洿池，鱼鳖不可胜食也；斧斤以时入山林，材木不可胜用也。谷与鱼鳖不可胜食，材木不可胜用，是使民养生丧死无憾也。养生丧死无憾，王道之始也。"

文王曰："公言乃协予怀，夙夜念之不忘，以用为常。"

【注】协，合也。常，经常也。
【解】公所言，乃协合予怀，当夙夜念之于心而不忘，用之以为治理天下之经常也。

施子美曰：盖惟有以叶其谋，斯可以成其事。然所虑者，在于能听而不能行，能行而不能久。必夙夜念之不忘，而用此以为常行之道，则其所行也，为甚久矣！

"以用为常"，以为治世之常道。

"文伐",相对于"武伐",不用战争,《易经·系辞上传》:"聪明睿知(智),神武而(能)不杀。"

国与国用文伐,人与人亦可用,贵乎懂得如何去用,人与人之间用得最多。"无所不用其极,无入而不自得"即文伐,真比法家还法家!

夏振翼:此章十二节,次第错陈,心机愈密愈细。庸臣暗主,罔不入其计中。然皆以阴谋胜人,其立心不正,岂以文王之圣,而用此哉?抑以太公之圣,而欲文王用此哉?盖以令后世主臣,致谨于此,而不为人所图耳。惜乎!太公之言具在,而犹有为人所中而不知者,是诚愚之甚者也。能无慨乎?

十二节，皆"阴谋"也；用"智"用"术"，以倾人之国，破人之兵，是为文伐。

施子美曰：天下不可以力争也，我以力斗，彼以力拒，成败若何而决？必也伐之以文，然后足以成其事。兵虽以武为用，而必以文为本。文者，谋之所寓也。谋之为用，不一而足，凡十有二节。十二节，言有十二度也。其节度若是其多者，盖未战而胜者，得算多也。

《孙子兵法·始计》曰："夫未战而庙算胜者，得算多也；未战而庙算不胜者，得算少也；多算胜，少算不胜，而况于无算乎？吾以此观之，胜负见矣。"

文王问太公曰："文伐之法奈何？"

【注】文伐，以谋伐人。

"文伐"，"上兵伐谋"（《孙子兵法·谋攻》）。

太公曰："凡文伐有十二节。

【注】节，条目也。

【解】增：节者，操持之意，盖专力于此也。

施子美曰：欲以多为贵也，多则无所不备，此文伐之法，所以有十二焉。

"十二节"，十二节奏。

"一曰：因其所喜，以顺其志，彼将生骄，必有奸事，苟（真）能因之，必能去（除）之。

【批】首揭文伐之事，在因敌国所喜，顺其志而使之骄。

【注】因所喜，如智伯喜地，韩魏乃因而与之。东胡喜马，冒顿因而献之，是也。顺，从也。

焦澹园曰：有武事之功，而无武事之迹。

【解】吾诚能因之以举事，则必能除去之，而不得终为我敌也。

施子美曰：因其所喜而顺之，不可或之逆也。若是，则可以奉其志，而逢其恶，故骄心由是生，好事由是见。吾于此必有以因之，乃可以肆其志而成其事。故因之则可以去之，盖欲顺以成事也。

真阴险！因其所喜，以坏其事。

"因其所喜，以顺其志"，因之、顺之，因其喜、顺其心，顺以成事。"彼将生骄，必有奸事"，彼骄慢之心生，必有奸事自内起。赞美你，实坑你！

"苟能因之，必能去之"，因之以去之，表面恭敬，实要除你。在社会上，善动心眼，不知不觉中必得胜利，而非伸手打人。

谁都想成功。"因其所喜，以顺其志"，志，心之所主。真正善用心机的人，绝不使人知你之好恶，好狗不露齿，有肉埋在碗里吃，自己香。心里想东，对外则现西，声东击西。

"二曰：亲（交好）其所爱，以分其威（主威）。一人两心，其中必衰（衰薄）；廷无忠臣（尽忠谏），社稷必危（危而难保）。

【注】亲，交好。所爱，敌国宠幸之臣也。两心，怀二心。

亲所爱，如张仪入秦，楚欲杀之，仪赂靳尚，说郑袖而免之；因劝楚与诸侯连横以事秦。

【解】廷无忠荩之臣，为之谏诤，其社稷必危而难保矣。

施子美曰：彼之所亲幸之臣，既为我所亲，则必背其君，而罔其民，故君之威势，以是而分，一人两心，则一心为我所役，故两心。

"一人两心"，怀有贰心，因碰上两人不分上下，棋逢对手。

"廷无忠臣"，左右尽逢迎拍马之士、阿谀奉承之辈，社稷为之难保。同样，一个人如没有真心朋友，不能"忠告而善导之"（《论语·颜渊》），彼此切磋琢磨，也成就不了事业。

"三曰：阴赂左右（领袖身边人），得情甚深（毫无保留）；身内情外（一切情况，外人尽知），国将生害。

【批】赂其左右，以夺其情。

【注】阴赂左右，如秦人赂赵之郭开，越人赂吴之太宰嚭。得情，得敌国之情事；甚深者，曲折周知。

施子美曰：结其左右，以探其情……彼为我所诱……身内而情外，若是则其君为所鬻，故国将生害。

赂，以财予人。贿赂，行贿。

"得情甚深"，能"类情"，就知哪类人要怎么对付。

一国有贪污之风，则什么目的都可以达到。就断送在"赂"字上！即使天天喊"除贪"，也无用。

"文官不爱钱，武官不怕死"的时代，才有希望，必有可为。

"四曰：辅其淫（过分）乐，以广其志；厚赂珠玉（喜贪），娱以美女（好色）。卑辞（低声下气）委听（委曲从之），顺命（从其志）而合（求合于彼）。彼将不争，奸节乃定。

【批】曲意顺从，求合于敌，以定其奸雄之节。

【注】辅，助也。淫乐，女色、声音、田猎之类。志，怠荒之志。

张泰岳曰：如越以西施献吴，列士以上皆有赂是也。

施子美曰：因其所好，而以逢之，彼惟志在于淫乐，吾则辅之而使贪于乐……彼之心既为我所役，而吾又能卑辞以下之，委身以听之，顺其命而迎合其意，若是则彼必自以为得计，而不与吾争耳。彼惟不争，则彼之奸事，可得而预知之矣，故奸节乃定。

好色，比好财还要危险。许多特殊身份都用女的。

"奸节乃定"，既好钱又好色，完全在人的掌握之中。

"五曰：严其忠臣，而薄其赂；稽留其使，勿听其事。亟为置代，遗（wèi）以诚事，亲而信之。其君将复合之，苟能严之，国乃可谋（图）。

【批】谋敌在间其所信，亲其所疏，令彼君臣复合，而后敌人之国，可得而图也。

【注】严，敬也。

严忠臣，如刘备得荆州，严敬周瑜，而委曲以达其诚是也。使臣，彼所亲信者，稽留之，以令彼疑也。亟，数也。置，弃置也；代，更代也。诚事，诚信之事。

施子美曰：离其君臣之情，彼之忠臣，彼之所取信也。忠臣不可以财诱，故严之而以间其君，使其君不之信，赂有所不爱，故薄其赂。彼有使至谕吾以事，吾则背其事而不从其命，则彼之计无所施，而其君必不之信矣！既有以间之，必有以代之，故亟为置代，以夺其位，而其使以为反间，待之以诚事告之，则彼之君必我信而离彼矣……苟能严而间之，则君臣异志，故其国可谋。

"严其忠臣"，"严"，敬也，敬其忠臣。

"家严"，家之所敬，"事父母日严"；"严师难求"，严己身之师难求。

"薄其赂"，送礼，礼不要一次送得很厚。

对忠臣不能用钱，但忠臣亦有忠臣之好，如好写字的，就送好笔、好墨、好纸；喜书画的，送名字画，慢慢地可以打动其心。昔文房四宝，加在一起，是无价之宝。

必要懂得怎么送礼，什么人送什么礼，稍用点头脑感人心，否则惹人厌烦。善用智慧，可于事上看出，必要投其所好。

"稽留其使，勿听其事"，两国交兵，不杀来使。稽留之，以疑其主；不听其说，以沮其谋。

"亟为置代"，离间，行反间计，如清对于袁崇焕；"遗以诚事"，以诚相事，如清对于洪承畴。洪对清入关有功，最后仍将之入《贰臣传》。

"六曰：收其内，间其外；才臣外相（向敌），敌国内侵，国鲜（少有）不亡。

【批】钩其内臣，离其外臣，使其国若无人，而后继之以兵。

【注】收，收拾其心也；间，离间也。内，指近侍之臣；外，指边远大臣。外内相侵，如秦使张仪相魏，而以兵伐之，魏终以亡。

施子美曰：内收其大臣之心，而外致其间，彼大臣既心向于我，则必外而相助于我，而不为其君谋国，此国所以少有不亡者。

"收其内"，用贿赂收其内臣之心；"间其外"，使离间计，敌人使间的对象，必是有用之人。

"才臣外相"，帮敌人忙；"敌国内侵"，内奸之可怕在此！国之亡，没有一个不是因为有内奸。

焉知谁是内奸？不易也。愈近的人，得愈加小心。

"七曰：欲锢其心（军心），必厚赂之。收其左右忠爱，阴（暗中）示以利，令之轻（忽略）业，而蓄积空虚。

【批】赂其左右忠爱之人，以锢蔽其君。

【注】锢，蔽塞也。厚赂之，恐左右忠爱之臣，导之使悟也。

张泰岳曰：赂左右之人，以锢蔽君心，使彼轻弃四民之本业，而空其蓄积之财货。

张泰岳曰：赂左右之人，以锢蔽君心，使彼轻弃四民之本业，而空其蓄积之财货，如裴矩说隋炀帝，造船伐高丽。

施子美曰：必有以惑其上下，诱之以利，以锢其心，使其君惟利是慕，而无远虑……取其左右忠爱之心，阴示以利，使其臣贪于利，而不恤其国……其君臣既交微利，则必忽于农事，而国无蓄积空虚。

"左右忠爱"，忠心、所爱，两种人。

"令之轻业"，一解不重视本身事业；一解使四民轻视其本业，即士、农、工、商都不重视本身的事业，但此不易。

"八曰：赂以重宝，因与之谋（通谋），谋而利（贪利）之，利之必信，是谓重亲；重亲之积，必为我用。有国而外（臣听于敌），其地必败。

【批】赂之与谋，以结联敌国，使外听于我，而为我用。

【注】重宝，连城之璧、夜光之珠也。重亲者，重结彼此之亲好也。

赵克农曰：与敌臣通谋，使为我用，如金人之重亲秦桧。

施子美曰：赂其将，而图其国。将者，国之辅也。今而赂以重利，以诱其心；资之以谋，以役其心。则彼必我信，是谓重亲。重亲者，吾能重彼之所亲，使反彼而亲我也。既重其所亲，积之以久，则彼之心，其信我也坚，故必反为我间。若是，则彼之国，虽彼之所有，而已外附于我矣，故其地必大败。

"重亲"，重结彼此之亲好。

"重亲之积，必为我用"，好上加好，百般给予好处，久则为我所用。

"九曰：尊之以名，无难（nàn，动词）其身；示以大势，从之必信；致其大尊，先为之荣，微师（饰）圣人，国乃大偷（偷惰）。

【批】尊以名势，使妄自尊大，以隳其国。

【注】汪升之曰：尊以名势，使自尊大，如唐高祖之骄李密。

施子美曰：尊而骄之，以侈其志，尊之以名，示以大势，致其大尊，荣饰圣人，皆所以骄之，尊之以名，则予之高名，无难其身，则使之安其乐。彼既贪其名，而安其乐，则其志必骄矣……致其大尊，亦所以归之以至尊也。先为之荣名，而微以圣人饰而归之，则彼必自负矣……宜其国之偷而弊也，谓之大偷之甚也。

"尊之以名"，给予荣誉博士等虚名，好名者无不入彀中。

"微师圣人"，给戴高帽，以"圣人"称颂之。

"大偷"，上下苟且，"安肆日偷"（《礼记·表记》）。

"十曰：下之必信，以得其情，承意应事，如与同生；既以得之，乃微收之，时及将至，若天丧之。

【批】与之相信相好，以密收敌国之势。

【注】汪武殿曰：相信相应，而密收之，如刘备之待吕布。

施子美曰：欲得其情，而以渐取之。下之以信，则彼必惟我之听，其情可得矣。既得其情，则不可逆之，故承意应事，以致其从，如与同生。示无害彼之心，若是，则彼之情既为我得矣……故当微而收之以渐，使不自觉悟，及其危亡将至之时，如天丧之而已，亦不知之。

"下之必信，以得其情"，"以贵下贱"（《易经·屯卦》），"吾以不问问则我神矣，彼以不对对则彼情矣"（《春秋繁露·立元神》）。

"承意应事"，承顺其本意，来应其所做之事，曲意承欢，拍马逢迎；"如与同生"，一同得好处。

"时及将至，若天丧之"，待时日至，其国之亡，如天丧之。

"十一曰：塞(阻碍)之以道(方法)，人臣无不重(看重)贵(地位)与富(财富)，恶(厌恶)危与咎。阴示大尊，而微输重宝，收其豪杰，内积甚厚，而外为乏。阴内(纳)智士，使图其计；内(纳)勇士，使高其气。富贵甚足，而常有繁滋(充裕)，徒党已具，是谓塞之。有国而塞，安能有国？

【批】收彼豪杰智勇，以益吾徒党，使彼有国无人，终于无国。

【注】内积，厚储其材也。外为乏，示无积也。纳，收也。繁滋，充满之意。

【解】吾之徒众党与固已具备，是之谓蔽塞人国之道也。夫有国而为我蔽塞之，安能有其国乎？

施子美曰：盖人情无不欲富贵，恶死咎。吾则因其所欲而收之，以至于纳勇智之士，皆所以诱其臣也。阴示大尊，又所以骄之而使不疑也，乃微输重宝，收其豪杰，则彼之为臣者，慕吾之利，必归于我，而吾又当厚其所积以为养士之资，而外则阴收其士心，有智谋者，吾则纳之，而使图其计；有勇力者，吾则纳之，而使高其气。使彼各足于所欲，极其富贵而至于繁滋，则彼之臣皆乐为吾用。吾得其人，则吾之徒党已备，而可以图彼之国，是彼为我所塞矣。塞者，以其闭塞之，而使不知其臣之为己用、国之为己图也。有国而塞，则必坏矣！

人就是"迷"！迷于名利、荣华富贵。给钱、许愿，将来给什么，实际上是空的。有影响，就成功。

"阴示大尊"，大尊，特别尊崇。

智谋、勇力之士，为我所用，则"彼有国无人，终于无国"。

《易·丰》上六"丰其屋，蔀其家，窥其户，阒其无人，三岁不觌，凶"，是谓"虚邑"。

"十二曰：养其乱臣以迷之，进美女淫声以惑之，遗良犬马以劳之。时与大势以诱之，上察而与天下图之。

【批】用计以致其败乱之形，犹必俟有天变，而始暴其恶以伐之。

方伯闇曰：以大势诱之，与天下图之，如齐人馈女乐于鲁定公。

【注】迷、惑，乱其心志也；劳，弊其形体也。上察，观天时也。

【解】用吾计，以养成其乱臣，以昏迷其心；进之以美女淫声，以惑乱其志；遗之以良犬良马，以劳弊其形。且时与之侈大之势，以引诱之。上察其天时之变乱，而与天下人共图而攻取之。

施子美曰：养其乱臣者，彼之所亲信而委用者也，养之以迷之，则彼必为之惑……彼之心既为众惑所乱，而君复将以大势诱之，则彼必自安其乐，而不虑其他。机既若是，而天时未可知，又上察天时，而下与天下图之。

"迷""惑"，接着"劳之"，劳其身心，复加以"诱"，再"察"而"图"之。

"十二节备，乃成武事。所谓上察天，下察地，征已见，伐之。"

【批】总结上文十二节文伐之法，以成用武之事。

【注】备者，节节皆全也。武事，武功也。征，兆也；见，显也。伐，举兵征之。

周鲁观曰："伐之"之事未周，故敌得免危亡之害；惟其备焉，则所事既工，而用意实深，不假兵革之成，而坐收用武之效矣。

按此十二节，皆出于阴谋取胜，想文王师太公，太公为文王师，何遂区区至此？然圣人不为奸，亦未始不知奸，则奚不可详言之，以令暗主知悟也。

【解】以上十二节，勿容一之阙略也，必悉已全备，乃成我用武之事焉。

施子美曰：伐人本以武也，而必先之以十二节者，盖刚不足以以制刚，制刚者柔；强不足以胜强，胜强者弱。用之以文，而可以成武事，此以柔弱制刚强之道也。修是而用之，是能察天地、料敌国而后举也。《孙子》曰："校之以计，而索其情。"曰："主孰有道、天地孰得？"则所谓"上察天，下察地"者，乃所以校其天地之孰得也。征已见，则危亡之证可见，正"主孰有道"之说也。若是，则成败决矣，故乃伐之。

王圻曰："乃成"二字，最宜着眼，见所以谋敌者，节节得计，乃成阴杀之事，此所以谓之"文伐"也。

施子美曰：盖言伐之以文，既尽其术，则用之以武，斯可以成功。

"合之以文，齐之以武，是谓必取"（《淮南子·兵略解》）。

"天时、地利、人和"三者俱备了，则达到我成功的事。

《孙子兵法·用间》："周之兴也，吕牙在殷。故明君贤将，能以上智为间者，必成大功，此兵之要，三军之所恃而动也。"智间，用聪明睿智，神武不杀。

顺启第十六

顺人心，以启征伐之事也。

施子美曰：圣人之于天下也，惟有无不覆之道，则天下之于圣人也，亦有无所不服之心。

《易·革》曰："汤武革命，顺乎天而应乎人。革之时大矣哉！"人心思归，"时日曷丧，予及汝偕亡"（《尚书·汤誓》）。

文王问太公曰："何如而可以为天下？"

"为天下"，为政，治天下。

太公曰："大盖天下，然后能容天下；信盖天下，然后能约天下；仁盖天下，然后能怀天下；恩盖天下，然后能保天下；权盖天下，然后能不失天下；事而不疑，则天运不能移，时变不能迁：此六者备，然后可以为天下政。

【批】言王者必有六者之全德，笼盖一世，而后天下可以惟我所为，惟我所处。

【注】盖，覆冒也。备者，无有遗漏欠阙之意。大、信、仁、恩、权、不疑，皆道也。有道者，利而不害，生而不杀，彻而不穷，安而不危也。

此章言人君欲有为于天下，须于天下求之，贵有六者之全德，苟一二之未全，虽强天下以从我，而亦有所不能。

施子美曰：圣人所以覆天下者，不一而足，有大焉，有损焉，有仁焉，有恩焉，有权焉，皆所以覆天下。大盖天下者，以其德之大而无所不及也，圣人惟以是德而盖之，故能遍覆包含而无所殊，是以能容天下也。

"大盖天下"，"唯天为大"（《论语·泰伯》）；"容天下"，有容乃大，"君子不器"（《论语·为政》）。

"信"，言可复也；"约"，共相约束，以为信。"大信不约"（《礼记·学记》）。"信盖天下"，以诚相感，故能相连而不散。

"仁"，二人相偶。"仁覆天下"，"惟仁者为能以大事小"（《孟子·梁惠王下》）。"仁盖天下"，怀柔远人，远人来归。

"恩"，心因，惠也，"小人怀惠"。"恩盖天下"，"以大事小，乐天者也，乐天者保天下"（《孟子·梁惠王下》）。

"权"，"巽以行权"（《易经·系辞下传》）。"权盖天下"，随时而不失天下，"可与适道，未可与权"，行权不易。

【解】王汉若曰：为天下政，谓使天下奉行之也，全是要人君以"心"运道，以"道"运政之意。

醒宗：六者备，如天之日、月、风、雨、露、雷。地之坎、止、流、行。四时之春、夏、秋、冬也。

"事而不疑"，人必有所事事，必定要不疑；一疑，败机即现。"决定不疑，戒急用忍"，康熙帝训雍正帝。

"父子之间不责善，责善则离"（《孟子·离娄上》），责善，即疑也。愈疑愈像，朋友、夫妇间发生问题，乃"疑"所致。一疑，愈想愈像，什么事都可以想象出来。家中应不藏隙。

"政者，正也。子帅以正，孰敢不正？"不能正己，如何正天下？修身为本，本立而道生。

"故利天下者，天下启之；害天下者，天下闭之；生天下者，天下德之；杀天下者，天下贼（害）之；彻天下者，天下通之；穷天下者，天下仇之；安天下者，天下恃之；危天下者，天下灾之。

【注】故治己所以治人，观民必先观我，环至而立效，有非可以轻致而捷得者。

【解】故利泽天下者，天下皆开启而从之；虐害天下者，天下皆闭塞而背之；生养天下者，天下皆德而感之；残害天下者，天下皆贼而恶之；明彻天下者，天下皆以为通达而向之；穷困天下者，天下皆以为仇敌而怨之；安定天下者，天下皆恃之以为主；倾危天下者，天下皆灾之以为殃。

《易经·观卦》六三"观（guān）我生进退，未失道也"，先研究自身，修己；九五"观（guàn）我生，观（guàn）民也"，成为模范了，能为天下之观（guàn），"下观（guān）而化也"，化民成俗。

施子美曰：天下之道，施报而已。利之、生之、彻之、安之，皆所以施之也；启之、德之、通之、恃之，皆所以报之也。施报之者，亦以其道，苟非其道，则害而不利，杀而不生，穷而不彻，危而不安，而天下亦由是而闭之、藏之、贼之、仇之、灾之，亦其施报之理也。

"利、害、生、杀、彻、穷、安、危"与"启、闭、德、贼、通、仇、恃、灾"，相对。

"生天下者，天下德之"，"大哉乾元，万物资始，乃统天……各正性命。保合太和，乃利贞"（《易经·乾卦》），各遂其生，天德好生，生民之道：尊生、卫生、荣生。在明明德，在新民，在止于至善。

"天下者，非一人之天下，惟有道者处之。"

【解】盖天下者，非一人之天下，惟有道之君，乃能久处大位，而不至于危亡，此治天下之道也。

施子美曰：大抵天下者，天下人之天下，非一人之天下，惟非一人之天下，故天下不能私一人，而一人亦不能求天下，必其有以施之，而后天下以是报之。苟非其道必不能之矣，故惟有道者乃能处之。

此"公天下"之明证。

公天下，《孟子·万章上》有"至禹而德衰"语，德衰于"私"，开启家天下。一个"私"字，害尽天下苍生。

公天下，率性，去私，尚公。

　　此章是武王欲立功于天下，恐力不能，而有此三者之疑。总是"临事而惧，好谋而成"之意。

　　《论语·述而》子曰："暴虎冯河，死而无悔者，吾不与也。必也临事而惧，好谋而成者也。"戒慎冷静。孔子善用兵，慎战，战必克。

　　武王问太公曰："予欲立功，有三疑：恐力不能攻强、离亲、散众，为之奈何？"

　　施子美曰：古之伐人之国者，必有隙可投，有衅可乘，而后可以取之……敌未有隙也，未有隙也，其何能决胜而立功邪？此武王所以疑其不能攻之、离之、散之也。

太公曰："因之，慎谋，用财。

【批】攻强、离亲、散众之道，在因其势而利导之。

【注】因之，因其势而不逆也。

【解】惟在"因"彼之势而不逆，"慎"我之谋而不露，"用"我之财而不吝而已。

施子美曰：大抵欲伐人之国者，必"因之"而后可以成功，法有所谓"践墨随敌，因形用权"者，皆所以因之也。因敌而可以制敌，然所以料敌则有谋，所以役人则有财，谋不可泄，财不可吝。因敌而制之，加以谨谋用财，则敌国可取矣！

"因其势而不逆"，逆，古时称谏诤皇帝是"逆鳞"。

"因之"，曲成也，随方就圆，看环境用智慧。不叫别人按我规矩，人各有规矩，迁就对方。

《庄子·养生主》："缘督以为经，可以保身，可以全生。"心中可以念兹在兹，表面则必"因之"，歌功颂德，不树敌才能成事。环境认识不清，不可以做事。必经严格训练，才能练就担当。

"慎谋"，慎，真心，用心，谋不可使对方知，左手的事不叫右手知。"子之所慎：齐（斋），战，疾"（《论语·述而》），孔子慎战，但战则必克，因"好谋能成"，慎谋。

"用财"，为政用财不吝，袁项城即成于此。为政不可以吝赏，按功行赏，有过必罚。

"夫攻强，必养之使强，益之使张；太强必折，太张必缺。攻强以强，离亲以亲，散众以众。

【注】养，骄养也；益，加增也。以强、以亲、以众，皆"因之"之谓。

【解】夫攻人之强者，不可徒以力攻，必"骄养"之，使愈强盛；"增益"之，使愈张大。彼太强者，必然摧折；太张者，必然缺坏，斯其强有可攻矣。故攻强者，即因彼之强，不必以我攻之也。

施子美曰：将欲取之，必因予之也，益之而使张大，此乃将欲翕之，必因张之也；彼既恃其强，乐其张，则必轻于自用，而忘其所戒，此所以必折必缺也。太强而折者，以其过于强，则必折也；太刚而缺者，以其过于刚而必缺也。

"攻强，必养之使强"，"将欲弱之，必固强之"（《老子·第三十六章》)，攻强以强。

"太强必折，太张必缺"，用其本身，毁其本身。

"凡谋之道，周密为宝。设之以事，玩之以利，争心必起。

【批】慎谋之道，在于周密，而挑彼争心。

【注】详悉无遗，曰周；隐秘不泄，曰密。事，详虑其隙也。

陈孝平曰：《易》曰："机事不密则害成。"《书》曰："匪谋弗成。"使谋不周密，则失之疏忽，岂能以成天下之事乎？

【解】句解：无一计不算定，之谓"周"；无一计有可窥，之谓"密"。

施子美曰：自此以下，是以谨谋、因财也。"阴其谋，密其机"，此兵家之要法也。

"谋之道，周密为宝"，滴水不漏，谋必慎之、密之。若为对方所知，则一文不值。

然"密"最难，"乱之所生也，则言语以为阶。君不密则失臣，臣不密则失身，几事不密则害成。是以君子慎密而不出也"，"言行，君子之枢机；枢机之发，荣辱之主也"（《易经·系辞上传》）。

"设之以事"，造一个有利的环境，显设之以事机。

"玩之以利，争心必起"，好利则争心生，起内乱，坐山看虎斗。

"欲离其亲，因其所爱，与之宠人（宠幸）；**与之所欲，示之所利。因以疏之**（疏远），**无使得志；彼贪利甚喜，遗疑乃止。**

【批】慎离亲之谋。

【注】疏之，谓用间以启其君之疑也。满其所欲得，诱之以重金，则宠爱之小人，必为我所用。然后乘其衅隙以离间之。此陈平以千金行反间，而去范增也。

每一集团皆有核心人物，用之。愈近的愈有用。

"离其亲"，使之众叛亲离；"因所爱"，吴三桂"冲冠一怒为红颜"。

"与之所欲，示之所利"，自此知：自己的好恶绝不能为人所知，否则人必因你之好恶而用之。

"因以疏之，无使得志"，离间，愈是有用的人愈叫他不得志。

"彼贪利甚喜，遗疑乃止"，国家大事因儿戏而坏之，留下疑团，使之自乱，而自食恶果。

"凡攻之道，必先塞其明，而后攻其强；毁其大，除民之害。淫之以色，唬之以利，养之以味，娱之以乐。

【批】慎攻强之谋。

【注】塞，犹蔽也。凡强生于"明"，欲攻其强者，必先豢之以色、利、味、乐，以蔽其聪明，而后强可攻也。

【解】凡攻人之道，必先闭塞其彼之聪明，而后可以攻彼之强势。

"塞其明"，则左右人说的话都相信。

能塞其明，多高的技术！此"明"字，不可以浅解，《论语·颜渊》子张问明，孔子告以"浸润之谮，肤受之愬，不行焉。可谓明也已矣"。为领袖者不可听信闲言乱语，为左右人所左右。

人到我这儿绝不敢乱说话，这地方没有是非在此。记住：说是非者即是非人。

"攻其强"，要戒强！

《老子·第七十六章》曰："坚强者死之徒，柔弱者生之徒。是以兵强则灭，木强则折。强大处下，柔弱处上。"

"毁其大"，骄之，使其妄自尊大，则"太强必折，太张必缺"，毁掉大奸大恶者。

"除民之害"，拉回百姓的心。毁大残贼之人，就能得民心。

必做实际影响民心之事才有用。

"既离其亲，必使远民，勿使知谋。扶而纳之，莫觉其意，然后可成。

【批】慎散众之谋。

【注】远，犹弃也。

汪升之曰：引诱其佚乐，若扶而入于陷阱中也。

【解】"扶而纳之"，入我计中。务令终日昏迷，莫觉其意之所指，而后攻可得而成也。

施子美曰：太公以阴谋之说告武王，而与之倾商政也。

"勿使知谋"，谋必密之！慎谋、密谋，好狗不露齿，要说玄不说闲。多读书，尽讲书中没影的事。有时说出秘密，得罪人！

"惠施于民，必无爱财；民如牛马，数喂食之，从而爱之。

【批】用财以结民。

【注】国以"民"为本，民以"财"为命，民无不爱财者；惟我不私其所爱，则必转而爱我，又何强之不可攻、亲之不可离、众之不可散哉？

施子美曰：欲施惠于民，必不可以爱财，盖财可以聚民也，无财不可以为悦，《易》曰"何以聚民曰财"，则惠民者不可以爱财也。盖民如牛马，必有以饲之，而后可以用之，数饿食之，所以爱也；饲而不爱，则彼必悖而不驯，故必当爱之。

"惠施于民"，百姓怀惠，必得实际之惠。

"世路难行钱为马"，不必要时不要乱花钱，必要时要懂得如何用钱，要以"宁填城门，不填壕沟"为原则。

"心以启智，智以启财，财以启众，众以启贤。贤之有启，以天下王。"

【批】推财之所由生，及财之所为用。

【注】启，生也。启智，心无所蔽，计虑自生。非智无以开财之源，非财无以得众之心。

汪升之曰：人主之德泽，有以遍及乎斯民，则贤人归往，而君德日新，岂非王天下之征哉？

【解】夫心无所蔽，而智自然启焉，是心以启智矣。智虑既开，处置必周，而财自然启焉，是智以启财矣。众庶需财最急，财用既裕，自能得众，是财以启众矣。贤人爱众甚殷，众心既得，贤人必归，是众以启贤矣。贤为王天下之辅，贤人既启，而群然从我，于以王天下也，何难之有？

施子美曰：财固可以得民也，而所以理财，则出于圣人之心术，圣人推是心以开启其智，用是智以开启其财，则所以理是财者，本于圣人之心术也。圣人惟以是心术而理财，故用财而可以得人心。因财以致用，因众以致贤，皆财之所由启也，人心其有不归之乎？人心既归，则因之而可以成王业，盖贤人之心概为我所致，则必与吾共兴王于天下矣。

"心以智启"，心一旦有了"私"，就有偏见，"爱之欲其生，恶之欲其死。既欲其生，又欲其死，是惑也"（《论语·颜渊》）。

"四十而不惑"（《论语·为政》），不惑于欲。"欲"包含太多，"男人要坏，四十开外"，惑于欲也。不惑，则有正知正见，智也。头脑清楚，则认事清，处世明。

"智以启财，财以启众"，心不迷于欲，就能开启智慧；有智慧，就能开财路；有财路，就能给老百姓惠；老百姓向着你，就能开招贤之路。《大学》说："道得众则得国，失众则失国。是故君子先慎乎德。有德此有人，有人此有土，有土此有财，有财此有用。"

"贤之有启，以王天下"，贤者爱人，"与圣人同忧"（《易经·系辞上传》）。自"爱民"入手，则贤者乃至，可以王天下矣！

·化成整体生命智慧·

———— 道善学苑·国学音视频精品课程 ————

已上线课程:

《详解易经六十四卦》　　　　　　　　　刘君祖

《孙子兵法：走出思维的迷局》　　　　　严定暹

《史记 100 讲》　　　　　　　　　　　　王令樾

《曾国藩家训 18 讲》　　　　　　　　　林　乾

《醉美古诗词》　　　　　　　　　　　　欧丽娟

《唐宋词的情感世界》　　　　　　　　　刘少雄

即将上线课程:

《解读孙子兵法》　　　　　　　　　　　刘君祖

《解读心经》　　　　　　　　　　　　　刘君祖

《论语精讲》　　　　　　　　　　　　　林义正

《中庸精讲》　　　　　　　　　　　　　黄忠天

《韩非子精讲》　　　　　　　　　　　　高柏园

规划中课程:

《详解大学》　　　　　　　　　　　　　黄忠天

《详解庄子》　　　　　　　　　　　　　敬请期待

《公羊春秋要义》　　　　　　　　　　　敬请期待

《春秋繁露精讲》　　　　　　　　　　　敬请期待

《详解易经系辞传》　　　　　　　　　　敬请期待

更多名家音视频课程，敬请关注我们的公众号

在这里，彻底学懂中国传统文化